성공하는 대통령의 그릇

미래학자·정치지략가 **최기종** 지음

사례분석

| 트래블 파워 직업적성과 운명 | 대통령실 기운 청와대 기운 | 성공하는 대통령 실패하는 대통령 |

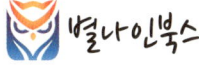
별나인북스

| 축 화 |

어유연화도 | 박선화 그림

| 축 화 |

황산 | 최기종 글, 유수종 그림

머리말

논어論語에 "자신의 몸과 마음을 바르게 하면, 정치에 종사하는 데 무슨 힘든 일이 있겠는가? 자신의 몸도 마음도 제대로 닦지 못하면서 어떻게 백성을 바로잡을 수 있겠는가?"라는 말이 나온다. 이 말은 여러 번 강조해도 모자라지 않는다.

맹자孟子는 "어진 정치는 경제로부터 시작되는 것이다. 백성들이 먹고 사는 데 어렵지 않게 해준다면, 이것이 곧 왕도王道를 실천하는 시작인 것이다"라는 말을 남긴다.

국민의 직접선거로 선출된 대통령은 행정뿐만 아니라 국가의 이익과 발전을 위해 헌신하고, 국민들이 편안하고 경제적으로 안정될 수 있도록 지극정성으로 보살펴야 한다.

지난 70년 간 청와대에서 국가의 발전과 국민들의 안위를 위해 열심히 직무를 수행한 대통령은 많이 있었다. 그러나 집권 초반에는 국민들의 높은 지지를 받으면서 순탄하게 잘 가는 듯하다가, 임기 중·후반에는 어김없이 레임덕lame duck에 빠지곤 했다.

우리나라 대통령의 임기는 5년이다. 대통령이 정사政事를 잘 돌보면 5년이란 세월이 짧게 느껴지지만, 국정운영 능력 부족과 국정농단, 게이트gate 등이 발생하면 나라는 송두리째 흔들려 5년이 매우 길게 느껴진다.

속담에 "소가 힘 세다고 왕 노릇하랴?"라는 말이 나온다. 즉 '지략 없이 힘만 가지고는 대통령의 위치에 설 수 없다'라는 뜻이다. 국민들은 국내외적으로 복잡하게 얽힌 정치·경제·사회·외교·안보 등 시급한 문제를 명철하게 분석해 적절한 대비책을 세우는 지략 있고, 그릇이 큰 대통령을 원한다.

정치란 무릇 식견識見이 풍부하고, 경륜과 근본이 있어야 하고, 학문과 덕망이 높으며, 사물의 올바른 이치를 깨달은 사람이 나서야 국가가 번영한다. 또 국민들이 편안하게 생계를 꾸리고, 안정된 삶을 영유할 수 있도록 보살피는 것이 최선의 정치라 할 수 있다.

본서 **『성공하는 대통령의 그릇』**은 전 국민·기업인·정치인 등이 읽어야할 필독서로서 ① 트래블 파워, ② 직업적성과 운명, ③ 꿈과 하늘의 계시, ④ 난세의 영웅, ⑤ 통 큰 리더십, ⑥ 국가·지구의 미래, ⑦ 땅의 기운, ⑧ 성공하는 대통령, ⑨ 실패하는 대통령

등 총 아홉 개의 장으로 구성한다.

 필자는 본서를 집필하기 위해 17년 전부터 국내외의 관련 문헌을 읽고, 성인의 말씀과 세계적인 저명한 학자·지도자·철학자·작가들이 남긴 어록, 국내외의 격언·속담 그리고 필자의 다양한 경험과 미래를 예측한 사례를 중심으로 진솔하게 서술하였음을 밝힌다.

 다가올 미래에 민생民生을 위한 정치를 펼쳐 대한민국을 부강하게 만들고, 국가와 기업, 사회를 위해 큰 업적을 남기고 싶은 분은 본서의 내용을 읽고 실행에 옮기길 바란다.

 그간 졸저가 출간 될 수 있도록 격려를 해주신 이원재·최임규·한희섭 교수님, 이헌재·조용건 회장님, 화가 유수종·박선화님께 감사드린다. 또한 언론에서 활발한 활동을 하면서 금과옥조 같은 조언을 해주신 포천신문 최호열 회장님, 시사코리아 김덕주 대표님, 설악투데이 신창섭 대표님께도 감사의 말씀 드린다.

錦堂 최기종

목차

■ 머리말...4

제1장 트래블 파워
- 트래블 파워...13

자월도를 다녀와서...17 ▌수필가로 등단...22 ▌드니프로 강에서...25 ▌우크라이나에서 몰도바로...30 ▌시인으로 등단...35 ▌태백산의 정기...38 ▌대통령자문위원 위촉...44

제2장 직업적성과 운명
- 직업은 타고난다...49

당에 인물이 없다...53 ▌장관·국회의원이 된다...55 ▌흐름을 타야 한다...58 ▌길이 아니면 가지마라...60 ▌실패는 좋은 스승이 된다...63 ▌욕심은 금물이다...66 ▌운명은 피할 수 없다...69

제3장 꿈과 하늘의 계시
- 꿈이란 무엇인가?...73

이성계 장군과 무학대사...76 ▌김유의 아내와 능양군...81 ▌서백과 강태공...86

제4장 난세의 영웅

- 왕의 책사...93

제갈량...95 ▮ 관중...98 ▮ 강태공...101 ▮ 손무...104 ▮ 조조...107 ▮ 최응...110 ▮ 최무선...113 ▮ 이순신...116

제5장 통 큰 리더십

- 리더란 누구인가?...121
- 리더십이란 무엇인가?...124

세종대왕 리더십...127 ▮ 강희제 황제 리더십...134

제6장 국가 · 지구의 미래

- 국가의 정책 현안...143

인구 절벽...145 ▮ 기후 위기...150 ▮ 환경재난...155 ▮ 재활용 쓰레기...159

제7장 땅의 기운

- 땅과 사람의 성품...167

대통령실 기운...171 ▮ 청와대 기운...174 ▮ 역대 대통령의 업적과 호감도...177

제8장 성공하는 대통령

▪ 대통령의 필수 덕목 17가지...181

그릇이 크다...183┃독서를 한다...186┃지혜를 단련한다...189┃건강을 관리한다...192┃인재를 발굴한다...194┃약속을 지킨다...196┃감사할 줄 안다...198┃책임감이 강하다...200┃국민과 소통한다...202┃실수를 인정한다...204┃민생을 살핀다...206┃미래지향적이다...208┃믿음을 심어준다...210┃자신감이 넘친다...212┃결단력이 있다...214┃경험이 풍부하다...216┃외교력이 뛰어나다...218┃

제9장 실패하는 대통령

▪ 실패하는 대통령의 7가지 특징...223

직무수행 역량 부족...225┃인재영입 실패...228┃우유부단한 성격...231┃불투명한 국정목표...233┃에너지의 결핍...235┃불통·부정직...237┃독불장군·권위주의...239┃

■ **꼬리말...241**┃**각주...244**┃

제1장
트래블 파워

| 트래블 파워

다가올 미래에 그릇이 큰 대통령·정치인·기업인·국민이 되고 싶으면, 우선 '수신제가修身齊家'부터 해야 한다. 수신제가란 '자신을 수양하고 집안을 올바르게 가꾼다'라는 뜻이다.

중국의 사상가·정치가 공자孔子는 수양과 폭넓은 인생체험으로 자신을 인간관계의 달인으로 만들었다.[1] 사람이 매양 학문에만 힘쓴다고 해서 수신제가가 절로 되는 것은 아니다. 즉 여행·등산·문학 등을 통해 심신을 단련하고, 상상의 힘을 기르면서 지식과 견문을 넓혀야 수준 높은 경지에 이를 수 있다.

사마천司馬遷은 '소년 시절 하루도 쉬는 일 없이 여행을 다녔다'라고 한다. 그는 여행 경험을 문장으로 옮겼는데, 2세기까지 중국에서 발간된 역사서 가운데 가장 유명한 것으로 손꼽히는 그의 저서 『사기史記』가 그것이다. 결국 그는 중국의 여러 곳을 여행한 뒤에 조정朝廷의 관리가 된다.

속담에 '귀여운 자식에게 여행을 시켜라'라는 말이 나온다. 이는 '귀여운 자식에게 고생의 맛을 보여주라'라는 의미이다. 이처럼 여행은 고생이 따르지만, 실생활에서 활용할 수 있는 산지식을 얻어 큰 꿈을 키울 수 있다.

영어로 여행을 뜻하는 단어는 travel, tour 등이 있다. 여기서 travel은 trouble(걱정 · 노고 · 고생), toil(고통 · 힘든 일)과 같은 어원인 travail(업무)에서 파생된 것이다.[2] 미래의 확실한 성공과 행운을 부르는 힘은 바로 여행travel의 힘power, 즉 '트래블 파워travel power'이다.

세상을 정처 없이 유랑하는 여행처럼 고통스러운 일도 없을 것이다. 그러나 여행은 우리에게 관용을 가르치며[3] 인간을 겸손하게 해준다.[4] 뿐만 아니라 인간이 세상을 바라보는 시각이 얼마나 옹졸하고 보잘 것 없는 미미한 존재인가를 스스로 깨닫게 해준다.

여행은 도착이 아니라 또 다른 새로운 시작이다. 여행은 무언가 배우거나 큰 경험을 얻고자 하는 사람들에게는 새로운 꿈과 기회가 주어진다. 단, 여행 목적이 뚜렷해야 하고, 여행지에서 무엇을 보고, 무엇을 느끼느냐가 중요하다.

예수는 40일 간 광야를 여행하면서 미래에 대한 비전을 얻고, 석가모니는 보리수나무 밑에서 깨달음을 얻는다. 필자 또한 대학시절 L지도교수가 기획한 '일본 연수여행 프로그램'에 참가한 후부터 '관광학자의 길'을 걷게 된다. 그래서 인생은 광야를 지나면서 자신을 단련하고 꿈을 이루게 된다.

맥도날드McDonald's의 창업자 레이크록Ray A. Kroc은 사막을 여행하다가 캘리포니아 인근에서 맥도날드 형제가 운영하는 햄버거 가게를 발견한다. 그 후 그들의 가게를 인수해 미국의 도로 곳곳에 패스트푸드점을 차려 크게 성공한다.[5]

속담에 '외국에 머무르는 것은 지혜를 늘리고, 지혜의 힘을 비는 것이다'라는 말이 나온다. 우리나라의 기업인들도 외국 출장에서 아이디어를 얻어 외국 현지에 공장을 세워 글로벌 기업으로 성장하고 있다. 이처럼 사람은 누구나 무한한 가능성을 지닌 위대한 존재이다.

사람은 여행을 하는 데 많은 노력과 시간을 할애하면 좋다. 세계 각국을 다니면서 견문을 넓히는 것은 매우 중요하다. 넓고 높은 식견이 없으면 전체를 파악하거나 볼 수 없다. 또한 문화·언어·풍습이 다른 사람들은 어떻게 살아가는지 보고 배우는 것도 여행의 매력이 된다.

 평소 자주 가는 지역보다는 한 번도 가보지 못한 낯선 곳을 가는 것도 좋고, 멀리 외국을 다녀오면 더 좋다. 여행을 벗삼아 행운의 길을 걷다보면, 신비로운 경험을 얻어 원하는 꿈을 이룰 수 있다.

자월도를 다녀와서

 조물주는 무슨 물감을 쓰길래 저토록 세상을 아름답게 색칠할 수 있을까? 그 많은 물감은 모두 어디서 나는 걸까? 단순한 햇빛만으로 오묘한 풍광을 그려내고, 너른 들판을 황금빛으로 물결치게 할 수 있으니 어찌 인간이 자연에 굴복하지 않을 수 있겠는가?

 차창으로 들어오는 자연에 감동하다 보니 벌써 버스는 인천 연안부두에 도착한다. 학생들은 탁류의 바다임에도 "바다다!"하며 즐거워한다. 먼저 자월도행 승선권에 인적사항을 적어 제출하고 유람선에 승선한다.

 바닷바람을 맞으며 따라오는 갈매기에게 새우깡을 던져주니 갈매기들은 오래된 친구처럼 '끼룩끼룩' 울며 좋아한다. 인천 연안부두에서 자월도까지는 1시간이 소요된다. 자월도는 마치 해삼처럼 길쭉하게 생겼다.

 우리는 즐거운 마음으로 민박집으로 향한다. 그러나 민박집에

도착하자 우리의 얼굴은 금세 일그러진다. 손님을 맞이해야 할 안주인은 없고, 인터넷에서 검색했을 때의 깨끗한 시설과는 달리 이불은 아무렇게나 말아져 있으며 방청소도 전혀 되어있지 않다.

수소문 끝에 확인해 보니 안주인은 우리가 타고 온 배로 바다 건너 인천에 사는 딸의 집으로 갔다는 것이다. 그는 숙박비를 받아 챙기고 무책임하게 자취를 감춰버린 것이다. 우리는 너무나 황당해서 할 말을 잃고 멍하니 마당에 주저앉는다.

얼마 후 나타난 주인아저씨는 연신 "죄송합니다"라고 말할 뿐 특별한 대책도 제시하지 못한다.

정말 분통하고 억울하지만 운명이라 생각하고, 울며 겨자 먹기로 이불을 내다가 장작개비로 두들겨 턴다. 해묵은 이불에서는 퀴퀴한 곰팡이와 먼지가 뽀얗게 일어난다(여행 후 '목화이야기'라는 시를 발표함).

우리는 스스로 이불을 정리하고 방을 치운다. 방청소를 끝마친 후 흥분을 가라앉히고 삼삼오오 짝을 지어 손수 점심을 지어먹는다.

점심식사 후 해수욕장을 답사한다. 주인아저씨는 미안한지 우리를 자신의 차량에 태워 '변낭금 해변'으로 데려다 준다. 변낭금은 모래와 몽돌밭이 어우러진 천혜의 아름다운 해변이다.

저 멀리 황해에서 불어오는 바닷바람이 묵은 가슴을 시원하게 적셔준다. 모두들 바닷물에 발을 적시며 즐거워한다. 민박집에서의 찜찜했던 마음도 어느새 말끔히 사라진다.

자월도(면적 : 7.28 ㎢)는 인천 옹진군 자월면에 속한다. 인천에서 서남쪽으로 35㎞ 지점에 위치해 있으며, 섬 중앙에는 국사봉(166m)이 있다. 주변에는 소이작도·대이작도·승봉도 등이 있다.

섬은 동서로 길게 뻗은 형태이며 '국사봉'을 중심으로 낮은 구릉성 산지를 이룬다. 이번에는 새로운 경험을 맛보기 위해 국사봉을 오른다. 정상에 오르니 섬 주변의 경치가 투명한 수채화처럼 펼쳐진다.

저녁때가 되자 민박집 할머니가 온다. 할머니는 며느리를 대신해 "죄송합니다"라고 정중하게 사과한다. 우리는 친절하게 대해주는 할머니와 함께 싱싱한 석굴 요리를 만들어 먹는다.

그런데 이번에는 주인아저씨가 다시 들어온다. 그는 청소를 하지 못한 것이 미안했던지 섬에서 잡은 싱싱한 우럭을 가지고 와서 손수 회를 떠준다. 모처럼 싱싱한 회를 시식하면서 주인아저씨와 친해진다.

다음날 우리는 아침 일찍 일어나 바닷가로 나간다. 바다는 물이 빠져 갯벌이 멀리까지 훤하게 드러나 있다. 어민들의 삶의 터전인 갯벌에 뛰어들어 호미로 땅을 파며 조개를 캐려 애쓰지만 생각처럼 쉽지 않다.

주민들은 우리가 가엾게 보였는지 조개 캐는 방법을 알려준다. 요령을 습득한 우리는 꽤 많은 조개를 캔다. 이번에는 낙지잡이를 해보는데, 처음 조개를 캘 때처럼 쉽게 잡지 못한다. 그러나 열심히 개펄을 파헤쳐 소라와 낙지 두 마리를 잡는다.

개펄이든 민박집이든 처음부터 사람에게 마음을 주기는 어렵다. 그러나 조금 서먹한 기분이 들더라도 먼저 손을 내밀고 마음을 주면 서로가 한마음이 될 수 있다.

주인아저씨는 우리가 마치 자신의 피붙이인 양 살갑게 대하면서, 자신의 차량으로 섬 곳곳을 구경시켜 준다. 자월도의 관광명소 '떡 바위'는 밀물이 들어와 볼 수 없지만, 아저씨의 마음에서 떡을 나눠 먹는 정이 느껴진다.

 어제 찜찜하고 서먹했던 기분은 언제 그랬느냐는 듯, 막상 민박집을 떠나려니 아쉬움이 든다. 우리가 인천행 유람선에 몸을 싣고 떠나자, 아저씨는 점이 될 때까지 손을 흔들며 바라본다.

 마음은 이 세상 끝보다 더 넓고 깊다. 넓고 깊은 마음으로 미움이나 증오를 내려놓으면, 마음은 이내 평화롭고 온화해진다.

'수필가'로 등단

'좋은 생각은 곧바로 실행으로 옮겨라!'라는 말이 있다. 나는 '자월도 여행'을 마친 후에 곧바로 메모를 정리해 실행으로 옮긴다. 그해 2007년 5월에 「자월도를 다녀와서」라는 제목으로 잡지사에 원고를 투고한다.

"수필은 시와 더불어 체험 문학이다. 최기종 작가의 글은 소박하고, 편안하면서 슬기가 있다. 난관에 부딪쳤을 때, 어떻게 헤쳐 나가야 할 것인지에 대한 암시는 축적된 경험에 의해서만 나올 수 있다.
 특히 최 작가는 배려와 인내심으로 인간사회를 유지시키고, 앞으로도 추구해야 할 이웃에 대한 감사와 사랑, 어려운 난관을 극복하고 나아가려는 진취적인 기상이 엿보여 특별히 가산점을 부여한다."

― 심사평 중에서

심사위원들로부터 높은 점수를 받은 나는 2007년 월간 '스토리문학' 7월호에 '수필가'로 등단한다. 수필은 자전적自傳的 글쓰기의 대표적인 장르이다. 작가가 자신을 성찰하고 자기의 삶을 되돌아보는 글쓰기가 수필이다.[6] 또 수필은 실제의 삶 속에서 진실을 캐낸다. 삶이 없으면 수필도 없다. 그런 의미에서 수필은 실존

적인 문학이다.[7)]

'수필' 등단 후에 나는 당시 민박집에서 해묵은 솜이불을 장작개비로 털면서 느낀 점을 다시 시詩로 정리해, 2010년 최기종 제2시집『추억의 갯배』에 졸시「목화이야기」를 발표한다.

> 애당초 순결한 꽃이었다가/ 꿈꾸는 구름이기도 하였는데
> 한 날 사랑을 위해/ 서글픈 바닥이 되었네
> 때 절은 시간을 삼키며/ 몸이 무겁게 불어날 즈음
> 바람처럼 오신 손님/ 예정 없는 사랑 굿
> 해묵은 욕심을 버리는 의식/ 두드려 맞고
> 햇살 뜨거운 시선을 받으며/ 온몸을 정화하는 일이었다네
> 꿈이 보송보송 살아나는 일/ 사랑을 되찾을 수 있는.

「목화이야기」

최기종 제2시집『추억의 갯배』중에서

여행을 하면 많은 이익이 생긴다. 그러나 단순한 이익을 얻기 위해 다니는 여행은 소용없다. 물론 졸업 여행, 허니문 여행, 성지순례 여행 등을 목적으로 떠나는 것도 좋은 추억이 되겠지만, 처음부터 특별한 목적과 목표를 세운 여행이라면, 마음가짐과

자세를 달리해야 한다.

 여행은 출발부터 목적과 목표를 확고하게 세우고, 플랜을 짜고 떠나야 많은 이익을 얻는다. 그리고 여행지에서 일어나는 일들을 세심하게 관찰하고, 메모한 다음에 그것을 하나의 콘텐츠로 만들어 세상에 발표하면, 남들보다 보람된 삶을 누릴 수 있다.

 여행은 성공으로 가는 길과 매우 흡사하다. 여행길에서 성공과 행운을 잡으려면, 여행에 대한 남다른 열정과 관심 분야에 대한 정보를 모으고, 바람 소리와 새소리까지도 꼼꼼하게 메모하는 습관을 길러야 한다. 평소 메모하는 습관이 쌓이고 쌓이면, 훗날 '큰 힘'으로 작용하게 된다.

드니프로 강에서
- 우크라이나 방문 기념

    인천국제공항에서 항공기로 '우크라이나Ukraine'까지는 러시아의 모스크바를 경유해 10시간이 소요된다. 기내에서 두 번의 식사와 간식을 먹을 정도로 매우 긴 여정이다.

    이번 여행의 목적은 우크라이나의 오부이브시와 우리나라 P시와의 MOU(양해각서) 체결을 위한 것이다. 시장·시의원·대학교수·기업인·언론인 등 모두 13명이 함께 떠난다.

    긴 고행 끝에 한국 시간으로 새벽 4시 20분에 공항에 도착한다. 오부이브시의 부시장을 비롯해서 관계 공무원들이 공항으로 마중 나온다. 우리는 상견례를 한 뒤에 다시 19인승 미니버스로 변두리에 위치한 호텔로 향한다.

    호텔은 대로변에 위치해 있는 2층 건물로 깔끔하고 아담하다. 방 배정room assignment을 받고 시계를 보니 한국 시간으로 아침 6시를 가리킨다. 여행이 즐거우려면 편안한 보금자리가 있어야 한다. 나는 얼른 열쇠를 수령하고 방으로 들어간다.

침대는 마치 나무로 만든 공원의 벤치처럼 생겼다. 세면대의 크기는 냉면 그릇만 하다. 고개를 숙여 세수를 하니 이마가 거울에 닿고, 고개를 들고 세수를 하니 이번엔 물이 배 위로 흘러내린다. 어쩔 수 없이 고양이 세수를 하고 늦은 잠을 청한다.

"집 떠나면 고생이라더니 · · · ."

아침 식사는 9시 쯤 시내의 음식점에서 한다. 식사 후 우리 일행은 예정대로 공공기관을 방문하고, 나와 K 교수는 현지인을 동행해 키이우(kyiv : 우크라이나의 수도)에 있는 '몰도바 대사관'으로 간다.

다음날, 이웃 나라의 '몰도바'로 가기 위해서는 키이우에 주재하고 있는 몰도바 대사관으로 가서 입국비자 entry visa를 받아야 한다.

대사관을 가려면 먼저 시내버스를 이용해 지하철역까지 간 다음, 다시 두 번의 지하철을 갈아타고 가야한다. 지하철 내부에는 광고물이 지저분하게 덕지덕지 붙어 있고, 많은 인파로 인산인해를 이룬다.

지하철은 에어컨이 설치되어 있지 않아 창문을 열어 둔 채로 지하 200m의 땅 속을 빠르게 질주한다. 지하철 내부는 침침하고 흙냄새와 먼지로 가득하다.

몰도바 입국비자를 받는 데는 6시간이 소요된다. 원래는 이틀 정도의 기간이 필요하지만, 한국대사관의 도움으로 단시간에 비자를 받는다. 가까스로 비자를 받고 오부이브시 시장실에서 일행과 합류해 MOU 체결을 한다.

저녁 만찬은 오부이브시 시장이 주최한다. 우리는 '드니프로깅' 선착장에 준비된 모터보트에 서너 명씩 나누어 타고 섬으로 간다. 강가에는 연꽃과 수련이 활짝 피어 있다.

모래로 형성된 섬에는 초라한 천막 한 채가 있다. 허리를 굽혀 천막 안으로 들어가니 시청의 간부 부인들이 음식을 준비하고 있다.

우리는 삐걱거리는 나무의자에 조심히 앉는다. 호화별장 레스토랑에서 식사를 하는 줄 알았는데, 의외로 소박하게 차려진다. 저녁 만찬은 회식을 알리는 천막 주인장의 나팔소리를 시작으로 진행된다.

"빠빠라 빠빠~", "빠빠라 빠빠~"

식탁에 차려진 음식은 통감자, 야채샐러드, 치킨, 식빵 등 간단한 술안주를 겸한 요리로 차려져 있다. 식사 중에는 맥주와 보드카로 서너 번의 건배제의를 하면서 만찬을 즐긴다. 우리는 '아주 특별한 저녁 만찬'에 매우 만족한다.

만찬 후 우리는 다시 모터보트에 승선한 다음, 뱃놀이를 하면서 출발했던 선착장으로 되돌아간다. 드니프로 강에는 어둠이 짙게 드리워져 있어 코앞을 분간하기도 어렵다.

강가에서 조용히 밤낚시를 즐기는 사람들을 보고 있노라니 태공의 한가로움이 마냥 부럽다. 고즈넉한 풍경에 취한 나는 풍류시인이 되어, 떠오르는 시상을 가만히 읊조려 본다.

눈을 가늘게 뜨고/ 시를 지어내는
저녁노을 어깨를 밀치고/ 가만 노래하는 연꽃 섬

어둠 내린 드니프로 강에서/ 수면 위에 별을 건지며
흥에 겨워 춤을 추는 사람들
우크라이나의 훈훈한 인정에/ 굳은 관념을 녹이며
우리는 어느덧 하나가 되었다
떠나야 한다는 강박을/ 집어삼킨 강
어둠을 낚는 태공에게/ 내일을 물으니
달빛 지레 참견이다
오늘을 만날 수 없는 암흑暗黑에/ 꿈 하나 심으라는.

「드니프로 강에서」

최기종 제1시집 『어머니와 인절미』 중에서

잔잔한 수면위로 떠오르는 달빛과 우주 공간의 수많은 별빛을 바라보니 기운과 생동감이 넘쳐난다. 우리는 오부이브시 공무원들과 아쉬운 이별을 뒤로 한 채 달콤한 보금자리로 향한다.

우크라이나에서 몰도바로
- 몰도바 방문 기념

우리는 몰도바Moldova로 출발하기 전에 한국대사가 주최하는 오찬장으로 간다. 멋지게 세팅된 실내에는 5명의 악사들이 자국의 전통음악을 연주하며 분위기를 띄운다. 그간 우크라이나에서 보낸 2박 3일간의 공식일정을 회고하며, 화기애애한 분위기 속에서 오찬을 즐긴다. 식사 후 기념사진을 촬영하고 오후 3시에 대장정의 길을 떠난다.

우크라이나Ukraine의 수도 키이우Kyiv에서 이웃 나라의 몰도바까지는 항공기 이용이 쉽지 않아, 그 먼 곳을 비좁은 미니버스를 타고 가야만 한다. 다양한 채널을 통해 코스와 소요시간을 알아보지만 아는 사람이 없다.

버스는 도심지를 벗어나 비포장 수준의 고속도로를 120km의 속도로 질주한다. 몰도바의 수도 키시네프Kishinev까지는 약 1천km의 거리로 험난하고 멀다. 우리가 타고 가는 19인승 미니버스는 비좁고, 에어컨 시설을 갖추고 있지 않아 30도가 넘는 폭염 속에서 비지땀을 흘리며 간다.

등받이에 머리를 기대자니 도로 사정이 좋지 않아 머리가 좌우로 흔들리고, 다리를 앞으로 뻗자니 무릎이 앞사람 의자 등받이에 닿고, 몸을 옆으로 기대자니 이번엔 머리가 창가에 닿는다.

우리는 어쩔 수 없이 서로를 위로하며 간다. 나와 K 교수, A 기자, K 사장은 흔들리는 버스 속에서 고추장을 바른 마늘종을 안주 삼아 맥주를 마신다. 맥주의 반은 가슴 속에 나머지 반은 옷에 흘린다. 그래도 맥주 맛은 남다르다.

도심지를 벗어나자 양귀비·해바라기 밭이 힘없이 벌쳐지고 간간이 보이는 가축들이 한가롭게 풀을 뜯는다. 싱그러운 초원을 바라보니 마음이 조금씩 안정된다. 어느새 대낮의 이글거리는 태양도 자취를 감추고 시원한 바람이 창가로 흘러들어 온다.

도심지에서 우크라이나의 국경까지는 8시간이 걸려 밤 11시에 도착한다. 국경의 분위기는 삼엄하고 어두컴컴하다. 언제 국경을 통과하게 될지 알 수 없어 초조한 마음으로 기다린다.

국경을 넘으려면 먼저 철문으로 굳게 닫힌 검문소를 통과해야 한다. 그런데 분위기를 보니 쉽게 통과시켜 줄 것 같지 않다. 우리는 안되겠다 싶어 무장경관에게 다가가 담배 두 갑을 건넨다. 그는 담배를 주머니에 깊숙이 넣더니 "OK!"하면서 검문소를 통과시켜 준다.

"아, 아직도 뇌물이 통하는 나라가 있구나!"

검문소에서 국경 입구까지는 겨우 100m 남짓한 거리이다. 모든 것이 잘된 줄 알았는데 시작에 불과하다. 이번에는 제복을 입은 또 다른 무장경관이 다가온다.

"시동을 끄고 움직이지 말고 가만히 기다리시오!"

거칠고 퉁명스럽게 말한 무장경관은 이내 어둠 속으로 사라진다. 우리는 불안한 마음으로 서로 얼굴을 마주본다. 하지만 긴장된 시간은 그리 오래가지 않는다.

K 전무가 무장경관에게 다가가 10달러를 건넨다. 그 무장경관은 돈을 확인하고는 얼굴에 환한 미소를 지으며 빨리 여권을 가지고 오라고 재촉한다. 그는 여권을 대충 확인하고는 출국 스탬프를 '쾅쾅!'하고 찍어준다. 우리는 모두 탄성을 지른다.

"돈이 좋긴 좋구나!"

우리는 밤 12시 10분쯤에 우크라이나의 국경을 벗어나, 바로 몰도바 국경지대로 향한다. 몰도바Moldova는 1991년 구소련에서 독립한 공화국이다.

우크라이나・루마니아와 국경을 접하고 있는 몰도바는 우리나라의 1/3 정도의 크기에 불과하지만, 세계적인 '와인의 나라'이다. 버스는 희미한 가로등을 따라 비좁고 허름한 다리를 조심스럽게 건넌다. 몰도바의 국경도 경비가 삼엄해 보인다.

우리는 여권을 무장경관에게 제시한 다음 입국수속을 기다린다. 20분이 지나서 여권에 입국 스탬프를 받는다. 국경 통과 후 버스는 다시 고속도로를 과속으로 질주한다. 우리는 배고픔과 피로에 지쳐 그만 곯아떨어진다.

시간이 얼마나 지났을까? 새벽 3시쯤 도로를 질주하던 차가 갑자기 휴게소 도로변에 멈춘다. 운전기사의 양쪽 팔이 부어 더 이상 갈 수 없는 상황이 벌어진다. 나는 밖으로 나와 자판기 커피를 마시면서 하늘을 쳐다본다.

수십만 년 전에 태어난 별들이 일제히 나를 향해 빛을 보내고 있고, 신선한 새벽 공기가 코끝을 스친다. 나는 잠시 자연과 동화돼 '시원始原'과 마주선다(귀국 후 '시원과 마주서서'라는 시를 발표해 시인으로 등단함).

운전기사는 잠시 휴식을 취한 뒤, 목적지를 향해 날아갈 듯 달리기 시작한다. 얼마나 달렸을까? 어느새 날이 훤하게 밝아온다. 도시는 아직 잠이 깨지 않았는지 고요하다.

마치 우리가 도시의 거대한 문을 처음 여는 개척자인 것만 같다. 눈앞에 신대륙처럼 떠오르는 도시의 풍경이 신비한 느낌으로 다가온다.

눈곱을 떼고 시계를 보니 바늘은 새벽 5시를 가리킨다. 저녁도 먹지 못하고 밤새 14시간을 달렸다. 결국 1천 km의 대장정 길에서 '까만 밤을 하얗게' 지새운 것이다.

우리는 고난 끝에 무사히 호텔에 도착한다. 새로운 도시와 만날 일단의 기대를 잠시 접은 채 3시간 정도 꿀맛 같은 아침잠을 청한다. '고난은 불행이 아니라 고난을 극복할 의지를 잃은 것이 불행이다.'

'시인'으로 등단

　나는 '우크라이나' 방문 중에 쓴 졸시 「드니프로 강에서」와 다시 '우크라이나에서 몰도바'로 가는 긴 여정을 담은 졸시 「시원과 마주서서」를, 그 다음해 2008년 6월에 잡지사에 원고를 투고한다.

　　　먼 1,000km의 대장정/ 굴곡진 도로를 달리니
　　　바쁜 일정이 사방으로 튕겨나간다
　　　비좁은 미니버스에/ 살찐 세월을 저마다 구겨 넣자
　　　이리저리 공간을 찾아/ 박자 맞춰 제대로 흔들리는 몸
　　　머리 둘 곳도 다리 쭉 뻗을 곳도/ 영 마땅치 않다
　　　세상은 이미 불볕더위 속/ 쏟아지는 건 비지땀이다
　　　국경을 넘는 일에 초조한 마음
　　　살아오는 날 동안/ 넘나드는 일에 얼마나 신경을 썼던가
　　　우크라이나로 몰도바로/ 운전자의 팔이 붓도록
　　　까만 밤을 하얗게 달리던 시간
　　　잠깐 멈춘 낯선 땅에서/ 숙연하게 하늘을 올려다보니
　　　수십만 년 전에 길 떠난 별이/ 이제야 도착하여 반긴다.

　　　　　　　　　　　　　　　　　　　　　「시원과 마주서서」
　　　　　　　　　　　　　　최기종 제2시집 『추억의 갯배』 중에서

심사위원들로부터 최고의 점수를 받은 나는 2008년 월간 '문학세계' 6월호에 '시인'으로 등단한다.

최기종 작가는 '사물에 대한 시적 직조능력이 탁월하다. 투고해 온 작품들은 범상치 않은 시상 전개와 역동성으로 용트림하고 있다. 최 작가의 언어 직조능력은 한마디로 절정의 기량에 다가가 있음을 직감하게 만든다.
그의 작품 「드니프로 강에서」는 대상을 자기 내면화 시키는 시적 능력이 탁월하다는 평가를 받게 만드는 작품이라 할 수 있다.
또 「시원과 마주서서」는 1,000km 대장정의 광경을 놓치지 않고, 팽팽하게 긴장감 넘치는 시상 전개로 미적 경지까지 끌어올린 가히 수작이라 할 수 있다.

- 심사평 중에서

그리스 최고의 사상가 아리스토텔레스Aristoteles는 "시는 운문韻文에 의한 모방이다"라고 주장한다. 즉 '시는 운문이며 이 세상의 사물을 모방하는 행위'라는 뜻이다.[8]

난세의 간웅奸雄, 치세의 능신能臣으로 불리는 조조曹操는 일국의 리더로서 정치가 이외에도 시인의 얼굴을 가진 인물이다. 그는 아들 조비, 조식과 함께 '삼조三曹'로 불릴 정도로 당시의 시단詩壇을 대표하는 존재였다.[9]

세계적인 문인들은 "시는 국가의 귀중한 보석이며, 미美의 음악적인 창조이며, 최상의 행복이며, 단 하나의 진리이며, 예술 속의 여왕이며, 시인의 고백이며, 최고의 행복한 순간의 기록이다"라고 주장한다.

미국의 철학자·시인·수필가 헨리 데이비드 소로Henry David Thoreau는 "모든 사람이 시인이 되고 싶어 한다. 그러나 시인이 되지 못할 때 철학자가 되고 과학자가 된다. 이것이 시인의 우수성을 증명한다"라고 역설한다.[10]

시詩는 영혼의 음악이자 운율의 창조로서, 시인의 땀과 표현이 응축된 연구의 열매라 할 수 있다. 따라서 미래의 성공하는 대통령·정치인·기업인·국민 등 '통 큰 리더자'가 되고 싶으면, 문학에도 깊은 조예를 가져야 할 것이다.

태백산의 정기

1월 초순, '참여정부'가 끝나갈 무렵 정부부처 담당 과장으로부터 전화가 온다.

"최 교수님! 그간 위원회 활동하시느라 고생하셨는데, 태백산 올라가서 기운받고 옵시다!"

나는 겨울 산행이라 장비 준비도 벅차고 등산도 별로 좋아하지 않아 거절할까 하다가, 산 이름 가운데 '흰 백白'자가 들어간 '太白山태백산'을 '상서로운 산'으로 여겨 참여 의사를 밝힌다. 살포시 내리는 눈[雪]을 등에 업고 동서울 버스터미널에서 일행과 합류해 정선으로 간다. 해거름녘에 숙소에 도착하니 조금씩 내리던 눈이 어느새 폭설로 변한다.

"강원지방에 대설주의보가 내려졌습니다"라는 저녁 뉴스를 듣고 초조한 마음으로 잠을 청하는데, 눈은 그칠 줄 모르며 밤새 내린다. 낭만으로만 여겼던 눈이 오늘따라 훼방꾼으로 보인다. 이래서 인간의 마음이 간사한 것이다.

나는 새벽 4시에 일어나 옷차림을 꼼꼼하게 점검하고 방을 나선다. 우리는 예약된 버스를 타고 태백산 등산로 입구로 향한다.

마음이 초조한 나는 달리는 버스 안에서 다시 한 번 옷차림을 낱낱이 점검한다. 방한모자에 바라크라바(얼굴 전체를 가리는 등산용 장비)를 쓰고, 왼쪽에는 손전등, 오른쪽에는 스틱, 다리에는 스패츠를 착용하고, 미끄럼 방지를 위해 아이젠을 찬다.

버스에서 내리자 눈보라가 매섭게 휘몰아친다. 등산로 입구는 이른 새벽부터 등산객으로 인산인해를 이룬다. 우리는 5시에 매표소를 통과한 후 무릎까지 쌓인 눈을 밟으며, 태백산 정상을 향해 한 발 한 발 조심스럽게 오른다.

등산로는 입구에서부터 비탈을 이룬다. 걷는 속도가 느려서 그런지 오르고 또 올라도 끝이 보이지 않는다. 산속은 칠흑 같은 어둠이 안겨와 이정표도 찾아보기 힘들다.

등산객의 대부분이 비슷한 복장을 하고 있어 누가 누군지 서로 알아볼 수가 없다. 나는 일행과 떨어져 손전등에 의지한 채 앞사람의 희미한 흔적을 따라 숨을 헐떡이며 걷는다.

눈길은 힘들고 지루하다. 바라크라바를 쓰고 걸으면 숨이 막히고, 벗으면 따가운 눈보라가 안면을 사정없이 후려친다. 이제 시작인데 벌써부터 다리가 풀린다. 난생처음 겪어보는 일이라 당황한다.

"호텔에서 편안하게 쉴걸···."

그러나 후회해도 소용없다. 일행을 태백산 정상에서 만나기로 이미 선약했기 때문에 암팡지게 오를 수밖에 없다. 그러나 시간이 흐를수록 후회와 두려움이 엄습해 온다.

"아, 새해부터 포기할 수도 없고···."

나는 잠시 망설이다가 다시 용기를 낸다.

"그래!, 정상에 올라 태백산의 정기를 듬뿍 받아 가자!"

주먹을 불끈 쥐고 설국雪國으로 가는 발걸음을 재촉하면서, 앞서 간 등산객을 따라 한 줄로 길게 늘어서 말없이 걷는다. 얼마나 걸었을까? 산 중턱에서 시계를 보니 6시 30분이다. 여전히 산속은 어둡다. 나는 산중 턱에서 눈보라를 맞으며 잠시 휴식을 취한다.

 배낭을 더듬어 바깥 주머니에 넣어 두었던 물을 꺼낸다. 따뜻했던 보리차는 이미 꽁꽁 얼어있다. 입김으로 녹인 후 시원하게 마신다. 물은 오장육부를 따라 굽이굽이 흐르더니 이내 힘과 용기를 준다. 하지만 휴식도 잠시 발걸음을 서두른다.

 정상으로 오르는 등산로는 경사가 가파르고 험하다. 나는 나무에 연결되어 있는 로프를 잡고 힘겹게 올라간다. 간혹 걸음걸이가 빠른 등산객도 있지만, '천천히 가는 자가 멀리 간다'라는 속담을 떠올리며 여유 있게 걷는다.

 태백산 정상이 가까워지자 날이 밝기 시작한다. 밤새 내린 눈은 이내 결빙이 되면서 등산로 양쪽에는 눈꽃이 활짝 핀다. 눈 덮인 세상을 보노라니 나도 모르게 마음이 설렌다. 처음엔 겨울 산행에 대한 두려움이 앞섰지만, 참 잘 왔다는 생각이 든다.

 원시림으로 빽빽이 들어찬 천년 주목나무, 고사된 나무 가지와 앙상한 참나무 잔가지에 눈꽃이 피어 세상을 온통 하얗게 수놓는다.

눈 속에 묻힌/ 주목나무
고난과 역경/ 극복하고 있다
새싹 트는/ 희망의 날
새 생명 준비하는/ 천년거목
태백산/ 외로운 골짝에서
시련 견디며/ 꽃피우고 있다.

「거목」

최기종 제3시집 『소양강의 봄』 중에서

  예부터 민족의 영산이라 일컫는 태백산(太白山 : 1,567m)은 우리나라 12대 명산 중 하나로 아름답고 장엄하다. 신라시대부터 성스러운 산으로 섬김을 받은 태백산은 일명 '북악'이라 부르며, 강화도의 마니산과 함께 '하늘에 제사를 올리는 곳'이다.

  또한 사람들은 '태백산은 산신령의 우두머리이고 태백산 정기가 가장 크다'고 믿고 있다. 이곳은 새해가 되면 소원을 빌기 위해 많은 사람이 즐겨 찾는다. 정상에는 환웅천왕과 단군왕검을 모신 성황당과 돌로 쌓은 제단이 있다.

  태백산 정상에는 광설狂雪이 더욱 세차게 몰아친다. 바람에 휘날리는 매서운 눈보라가 사람을 집어삼킬 듯 위협하지만, 정상에서 부는 바람을 잡아 들이키니 막혔던 가슴이 이내 뻥 뚫린다.

 정상에서 조금 떨어진 암자에서 우리를 위해 특별히 마련한 메뉴는 흰쌀밥에 시래깃국, 김과 김치가 전부지만 '시장이 반찬이라' 산속에서 먹는 밥은 꿀맛 같다.

 하산길도 결코 쉬운 일은 아니다. 마치 긴 터널에서 서서히 벗어나는 그런 기분이 든다. 우리는 썰매를 타듯 미끄러지며 내려가지만, 시간이 흐를수록 다리가 후들거린다.

 밤새 어둠을 뚫고 눈 속을 헤치며 산행한지 9시간 만에 간신히 목적지에 도착한다. 우리는 완주의 기쁨을 함께 나누며 사우나에 들어간다. 무거운 몸을 이끌고 탕에 들어가니 꽁꽁 얼었던 몸과 마음이 눈 녹듯 녹아내린다.

 몸이 풀리자 눈 위를 걸어온 발길이 주마등처럼 떠오른다. 이번 태백산 겨울산행은 소중한 추억이 되고, 나의 '뜨거운 열정과 인내심을 테스트하는 귀한 시간'이 된 셈이다. 혹한 속에 부드러운 깃털로 온 산하를 하얗게 장식한 태백산은 왠지 상서로운 기운과 높은 덕德이 솟는 것 같다.

'대통령자문위원' 위촉

세상은 크게 하늘[天], 땅[地], 사람[人]으로 이루어져 있다. 즉 하늘은 양陽, 땅은 음陰, 사람은 조화調和이다. '풍수지리에서 땅의 기운을 분석하는 첫 번째 대상은 산과 물'을 꼽는다.

인간은 가끔 산과 물, 숲에서 시간을 보내면 좋다. 원래 인간은 그런 것들의 반려伴侶로서 태어났으므로 땅 위에 설 때, 그때야말로 인간이 전인격적全人格的으로서 인정받을 수 있게 된다.[11]

산은 우리의 영원한 우정이자 친구이다. 가슴이 답답하고 말 못할 사연이 있을 때 산을 오르면, 조금이나마 마음의 위안을 받을 수 있다. 산에는 늘 볼거리와 신선한 공기, 유용한 자원으로 넘쳐난다.

산을 오른다는 것은 단순히 체력만을 단련하는 것이 아니다. 가파른 산을 오르면서 심신을 단련하고, 흐트러진 자세를 바르게 유지하고, 험한 길을 걸으면서 인생을 배우고, 땅과 바위의 기운을 받으면서 새로운 일을 구상할 수 있다.

등산은 장시간 걷는 유산소 운동으로 심폐 기능과 근지구력 향상, 정신적 만족감에 탁월한 효과가 있다. 또한 스트레스를 해소하는 데 유용하며, 자연 속에서 신선한 공기를 마시게 됨으로써 정신적·심리적 효과가 나타난다.

국가나 기업경영, 인생의 어려운 문제가 있을 때 산에 올라가서 해결하면 좋다. 국가지도자 중에 '후르시초프(러시아 공산당 서기장), 존슨(미국 17대 대통령), 네루(인도의 독립운동가)는 산행을 하면서 얻은 아이디어를 국가 경영에 반영한 것'으로 알려져 있다.

신라시대의 화랑花郎들은 '산과 들판을 누비며 호연지기浩然之氣를 키웠다'라고 한다. 그래서 산은 오르는 사람에게만 정복된다. 산을 오르면서 큰 꿈을 키우고, 함께한 일행과 결속을 다지고, 땅과 숲에서 상서로운 기운을 받을 수 있다.

산에는 늘 성스럽고 위대한 정적이 흐른다. 간혹 새가 날아들어 숭고한 정적을 깨고 정답게 노래를 불러주고, 가슴을 스치는 바람 소리는 지친 심신을 말끔히 치유해준다.

'산을 좋아하고 마음이 어진 사람은 장수한다'라는 설도 있다.

산에 오르면 왠지 성스러운 기운이 감돌면서, 산이 마치 나의 위대한 스승처럼 느껴진다.

 1월 6일 새벽 5시에 폭설을 뚫고 9시간 동안 태백산 산행을 함께한 '지방행정혁신평가단 위원' 모두는 1월 16일 '대통령 초청 정부혁신전문가 오찬 간담회'에 초대받아, 청와대 영빈관에서 그간의 노고를 치하 받으며 오찬을 함께 한다.

 그리고 그해 12월 9일에는 새로운 정부의 '대통령소속 지방분권촉진위원회 실무위원으로 위촉'된다.

 인생은 자신과의 싸움이다. 진정한 승리자는 자신을 이기는 사람이다.[12] 눈꽃 핀 태백산 산행 중에 자신을 이긴 '지방행정혁신평가단 위원' 모두는 뜻밖의 행운을 얻는다.

제2장

직업적성과 운명

| 직업은 타고난다

 독일의 작가·철학자 괴테Goethe는 "사람의 운명은 바람과 비슷하다"라고 설파한다. 이처럼 운명은 바람처럼 순식간에 들어오며, 생각보다 침투력이 강해 언제 어디서 어떻게 들어오는지 그 누구도 알 수 없다.

 한자에서 운運은 '움직일 운', 명命은 '목숨 명'자로, 즉 운명은 '움직이는 생명'을 뜻한다. 유의어는 숙명·명운 등이 있다. 일부 학자들은 '운명運命'이라는 단어가 '움직이는 생명'이라서 노력으로 운명을 바꿀 수 있다고 주장하지만, 결코 쉽지 않은 일이다.

 생년월일을 분석해 보면, 그 사람의 타고난 '직업적성'과 전반적인 '운명'의 기운을 알 수 있다. 보통 직업적성에는 학자, 정치인, 공무원, 전문직, 사업가, 종교인, 법조인, 의사, 금융인, 연예인, 체육인 등 무수히 많은 직업이 나온다. 이처럼 직업은 선천적으로 가지고 태어난다.

 사람은 누구나 자신의 능력과 무관하게 그해에 대운大運이 들어오면, 대통령 선거 등에 출마해 당선될 수도 있다. 대운이란 '아주 크고 좋은 운수'를 말하는데, 태어난 연월일年月日을 기준으로 10년마다 운이 바뀐다.

미래에 대통령·정치인이 되고 싶으면, 기본적으로 직업적성에 '정치인 직업'이 나와야 선거에서 당선될 확률이 높다. 그렇다고 정치인 직업이 있다고 해서 모두 당선되는 건 아니다. 그해에 대운이 들어와야 하고, 또 정치에 대한 경험·지식·재능·의지·건강 등을 갖추고 있어야 한다.

물론 직업적성에 정치인 직업이 전혀 없는 사람도 대선 또는 총선에 출마해 대통령이나 국회의원, 광역 및 기초단체장, 기초의원 등에 당선되는 경우도 많이 있다.

그것은 그 사람에게 '당선 운', '시험 운', '합격 운'이 들어있기 때문에 당선되는 것이다. 그러나 임기 중에 피나는 노력을 하지 않으면, 큰 업적을 남길 수 없게 된다.

사람들은 인생을 논할 때 흔히 '운명'과 '팔자'라는 단어를 사용한다. 그러다가 성공하면 자신이 열심히 노력을 한 거고, 만약 실패하면 '팔자'나 '조상 탓'으로 돌리곤 하는 데, 모든 것은 본인의 운명 탓이다.

독일의 시인 킹켈Kinkel은 "사람은 자신의 운명을 자기 자신이 만든다"라고 강조한다. 단, 자신의 직업적성을 미리 파악하고, 의지와 열정으로 적성 분야에 대한 정보를 수집하고, 내면을 성장시키고 갈고닦으면 성공할 수 있다. 타고난 자신의 직업적성과 재능은 필자와 상담을 하면 상세하게 알 수 있다.

> 천복 지복 인복 중에/ 인복人福이 으뜸이고
> 운명은/ 좋은 인연에서 비롯되며
> 만남을 통해 이루어진다
> 사람과의/ 교류자체가 운명이고/ 행복이며
> 만나고 헤어지는 것도/ 하늘의 뜻이고 자연의 섭리다
> 행복한 인연은/ 또 다른/ 좋은 운명을 잉태하나니.
>
> 「운명」
>
> 최기종 제3시집 『소양강의 봄』 중에서

인생에서 운명이 절대적인 것은 아니다. 그러나 운명은 사람이 삶을 살아가는데 있어서 여러 가지로 영향을 미친다. 운명의 여신은 때와 상관없이 나타나고, 심지어는 곤히 잠들고 있는 동안

에도 찾아온다.

고대 그리스의 철학자 클레안테스Cleanthes는 "운명의 여신은 운명을 받아들이는 사람에게는 긍정적으로 이끌어 주지만, 받아들이지 않는 사람에게는 오히려 부정적인 방향으로 끌어당긴다"라고 역설한다.

운명은 미신도 아니고 특별한 종교도 아니지만 분명히 있다. 운명을 미신이라고 생각하고 받아들이지 않으면 나중에 큰 낭패를 보게 된다. 중국의 사상가·정치가 공자孔子는 "군자가 가장 두려워하는 것이 운명이다"라고 강조한다.

당黨에 인물이 없다

미국의 경영학자·교육자 피터 드러커P.F. Drucker는 "우리가 이용할 수 있는 자원 중에서 끊임없이 성장·발전할 것으로 기대되는 것은 오로지 인간의 능력뿐이다"[1]라고 피력한다.

어느 날, 가깝게 지내는 모 국회의원을 만나 자연스럽게 모 정당의 당대표·원내대표 후보자 명단을 놓고 대화를 나누다가, 누가 당선되는지를 예측해 본다.

"당대표 후보 중에 누가 당선이 유력합니까?"
"음, 없습니다!"
"그래도 누군가는 당선되는 게 아닙니까?"
"그건 그렇지요! 하지만, 당黨에 마땅한 인물이 없습니다."
"그럼, 원내대표는 어떻습니까"
"마찬가지입니다."
"아, 큰일이군요."
"결국, 모 후보가 당선되지만, 리더십과 직무수행능력이 부족해 당이 큰 혼란에 빠질 겁니다."

필자가 미래를 예측할 때는 단순하게 당락當落만을 보는 것이 아니다. 당선 후 당을 어떻게 이끌 것인지도 함께 본다. 즉 '당선 후 어떤 일이 일어나는지를 예측한다.

 아무튼 필자가 예측한 대로 모 후보가 당대표에 당선되고, 나중에 모 후보가 원내대표에 당선된다. 하지만 당이 민생을 위한 정책보다는 선거용의 졸속정책을 발표하는 바람에 날마다 국민들의 공분을 사는 일이 자주 일어난다.

 게다가 당이 하나로 단합하지 못한 채 끊임없는 내부 갈등과 여야 간 첨예한 대립으로 인해 정치・경제・외교 등 사회의 전 분야에서 매우 심각한 혼란을 야기시킨다.

 속담에 '독수리는 파리를 못 잡는다'라는 말이 나온다. 즉 사람은 '각자 자신의 능력에 맞는 일이 따로 있다'라는 뜻이다. 즉 사람은 누구나 자기가 사용할 수 있는 능력을 제 나름대로 느끼고 있어야 하는데, 구성원 모두가 전혀 그렇지 못한 것 같다.

 더구나 나라의 곳간은 점점 비어가고, 경제는 바닥으로 떨어지고 있는데도 정치인들은 전혀 아랑곳하지 않는다.

장관·국회의원이 된다

속담에 '잘되는 집안은 가지나무에서도 수박이 열린다'라는 말이 나온다. 그만큼 '하는 일마다 뜻밖의 좋은 수가 생긴다'라는 뜻이다.

필자와 정부위원회에서 함께 활동하던 분이 정부부처 장관으로 임명된다. 그는 S대 행정학과 교수 겸 행정대학원 원장으로 재직하면서, 다양한 분야에서 직책을 맡을 정도로 매우 출중한 사람이다.

"장관님! 축하드립니다."
"앞으로 많이 도와주십시오!"

그는 필자가 소속된 정부위원회 장관이다. 그의 타고난 직업적 성을 살펴보니 학자, 공무원, 정치인, 변호사, 의사, 경찰, 금융인 등의 직업군이 나온다. 그는 ① 용기와 배짱이 있고, ② 무한대의 능력으로 문제를 해결하고, ③ 내면의 힘으로 자수성가를 하는 운명이다.

직업적성에서 살펴본 바와 같이 그는 국립대의 교수 겸 공무원으로 근무하다가, 새로운 정부가 들어서자 곧바로 장관으로 발탁된 것이다.

그 후 장관의 임기를 무사히 마치고, 다시 국회의원에 당선돼 국회에 입성한다. 결국 그는 타고난 자신의 운명대로 장관에서 다시 정치인으로 운명이 바뀐다.

천직은 언제 어디서나 꽃을 피운다. 어렵고 힘든 상황이 있더라도 자신의 타고난 천직을 더욱 계발하고, 노력 또한 게을리 하지 말아야 할 것이다.[2]

로마의 비평가·철학자 키케로Cicero는 "인간의 일생을 지배하는 것은 운명의 여신이지 인간의 지혜는 아니다"라고 강조한다. 그러나 운명보다 더 강한 것이 있다면, 그것은 바로 운명을 짊어지는 강한 용기이다. 선거에 출마하는 것도 탁월한 능력과 용기가 있어야 가능한 일이다.

행복한 사람은 날마다 꿈과 희망을 먹고 산다. 그래서 꿈은 영원히 잠들지 않는 인간의 소중한 희망이다. 사람에게 소망하던 꿈이 사라지는 순간 의욕이 상실되면서 마음에 병이 난다. 하지만 간절히 바라던 꿈과 소망이 현실로 이루어지면, 이내 용기가 솟아 얼굴에 생기가 돈다. 오늘따라 큰 꿈을 이룬 그의 얼굴이 밝아 보인다.

흐름을 타야 한다

어느 날, 필자와 오랫동안 비즈니스 업무 관계차 교류하고 있는 분이 만나자고 해서 약속장소로 나간다. 그는 어느 지역구 국회의원 후보를 멀리서 돕고 있다고 하면서, 그분의 생년월일을 알려준다. 타고난 직업적성과 기운을 살펴보니 다행히도 정치인, 군인, 외교관 등의 직업군이 나온다.

"단기간에 밤낮으로 열심히 홍보하면 당선될 수 있을 겁니다."
"네. 감사합니다!"

필자가 "단기간"을 강조한 것은 그분은 '단기간에 승부를 해야 하는 운명'을 타고 났기 때문이다. 그의 타고난 운명은 ① 의지가 강해 뭐든 열심히 하고, ② 실패를 하더라도 빠르게 일어서고, ③ 명예 추구와 목적의식이 매우 높은 기운을 가지고 있다.

필자가 예측한 대로, 그는 단기간에 밤낮없이 열심히 노력한 결과 재선에 도전한 상대편의 후보를 가볍게 따돌리고, 드디어 국회에 입성해 당선의 기쁨을 누린다.

어떠한 경우에도 괴로움을 극복하고 기쁨을 얻은 사람은 훌륭하다. 그러나 행운을 지속하기 위해서는 어떠한 고난도 참고 견딜 수 있는 강한 인내심과 큰 용기가 필요하다. 그래서 '압도적으로 우세한 기운과 힘을 가진 행운은 용기 있는 사람을 좋아하고 도와준다'라고 한다.

인간은 자신에게 주어진 '운명의 재료와 씨'를 어떻게 활용하느냐에 따라 자신의 운명이 확연히 달라진다. 누구든 자신의 단점을 꾸준히 보완하고, 주어진 운명의 재료와 씨를 잘 활용해서 피나는 노력으로 장점을 살리고 끊임없이 개척해 나가야 한다. 그러면 자신이 소망하고 소원하는 꿈을 이룰 수 있다.

그래서 사람은 항상 겸손하고, 남을 배려하고, 예의 바르게 행동해야 한다. 유권자의 지지와 표로 먹고사는 정치인은 더욱더 그렇다. 항상 국민들을 낮은 자세로 섬기고, 민심을 제대로 살피고, 약속한 선거공약을 철저하게 이행해야 한다. 자만하고 방심하면 절대로 안 된다.

길이 아니면 가지마라

　속담에 '송충이는 솔잎을 먹어야 한다'라는 말이 나온다. 흔히 쓰는 속담이다. 즉 '누구나 자신의 분수에 맞게 처신해야 한다'라는 뜻이다.

　매번 대선에서 큰 공을 세워 자신의 정치적 입지를 굳히는 등 승승장구 하는 분이 있다. 그는 일찍이 정치에 입문해 당의 중책을 맡는다.

　필자가 분석한 그의 타고난 직업적성은 학자, 의사, 연구원, 철학자 등의 직업군이 나온다. 그러나 그의 직업적성에는 정치인 직업이 보이지 않는다. 본인의 직업적성에 없는 정치인의 길로 가면 삶이 힘들어진다.

　그의 타고난 운명은 ① 선견지명과 통찰력이 있고, ② 머리가 좋아 기억력이 좋고, ③ 남에게 가르침을 주고 싶어 하는 운명을 타고났지만, ④ 외로움을 잘 타고, ⑤ 조직생활에 잘 적응하지 못하는 단점이 있다.

무릇 정치의 첫걸음은 자신의 타고난 직업적성과 직무능력을 스스로 살피는 것부터 시작해야 한다. 즉 문제의 원인을 다른 곳에서 찾지 말고 자기 자신부터 먼저 성찰省察해야 할 것이다.

또 다른 사례는 자신의 직업적성에 없는 사람이 고위직에 올랐다가, 짧은 기간에 직職에서 내려온 일이다. 이들은 모두 학자 출신이다. 인사권자의 총애를 받고 임명을 받았지만, 여러 가지의 이유로 임기를 채우지 못한 채 일찍이 도중하차 한다.

필자가 분석한 이들의 직업적성은 학자, 연구직, 종교인, 문서가 등의 직업이 나온다. 즉 이들은 대학에서 학문을 연구하고, 학생들을 가르쳐야 하는 운명이다.

이들은 ① 총명하고 머리가 좋고, ② 축적된 지식이 많지만, ③ 현재의 직급에서 더이상 오를 수 없는 운명을 타고났다. 사람은 자신의 길로 가지 않으면 실패할 확률이 높다.

그리스의 철학자 디오게네스Diogenes는 "사람은 물욕에 집착이 강하면 강할수록 나약해진다. 그리고 자기 스스로 결박을 당한다"라고 강조한다.

인간은 누구나 '자신의 몸을 운명에 맡길 수는 있어도, 그것에 깊이 관여할 권한은 없다.' 즉 인간은 '운명이라는 실을 꼴 수는 있어도, 그것을 내 마음대로 자를 수는 없다'라는 것이다.

속담에도 '먼 데 것을 탐내다가 이미 가졌던 것을 잃는다'라는 말도 있다. 이제라도 무거운 마음을 내려놓고 자연의 섭리에 따르면, 앞으로 자신의 분야에서 더 좋은 성과가 있을 것이다.

실패는 좋은 스승이 된다

미국의 제3대 대통령을 지낸 제퍼슨Jefferson은 "정직하지 못한 일을 하면서 명예를 얻으면 절대 안 된다"라고 강조한다. 즉 신뢰와 명예를 잃으면 치유불능 상태에 빠지게 된다.

필자와 오랫동안 정부위원회에서 함께 활동한 분이, 지역구 국회의원에 출마한다는 소식을 SNS에서 접한다. 한번은 그와 차를 마시며 담소를 나눈 적도 있다. 나는 조심스럽게 그의 국회의원 당선 운을 살펴보는데, 의외의 결과가 나온다. 그는 ① 당선이 어렵고, ② 당선과 상관없이 나중에 곤란한 일이 생기는 것으로 나온다.

"이상하다. 능력도 있고 대단한 분인데···."

날마다 그는 SNS에 홍보사진과 선거공약 등을 실시간으로 올린다. 나는 그때마다 '댓글'을 달거나 '좋아요'를 누른다. 시간이 흐르자 그는 소속정당으로부터 공천을 받는다. 나는 진심으로 축하를 해준다.

어느덧 선거가 종료되자 많은 방송 채널에서 앞다퉈 개표를 한다. 당락을 예단할 수 없는 후보 간 치열한 경쟁 속에, 표차는 순식간에 엎치락뒤치락하면서 혼전 양상이 계속된다.

선거 결과는 새벽녘에 나왔는데, 그는 여유 있게 당선된다. 이미 꽃다발을 목에 건 그는 한껏 흥분돼 있다. 당직자와 선거운동원들이 선거사무실에 모여 연신 환호를 외친다.

"역시 훌륭한 인재답게 당선됐구나····."

국회에 입성한 그는 법안을 제정하고, 자신의 지역구에 내려가 민생을 살피는 등 국회의원 본연의 직무에 충실하면서, 열심히 의정 활동을 한다.

그러던 어느 날, 필자가 예측한대로 그는 선거법 위반으로 여러 차례 매스컴에 오르더니 당선 후 반년 만에 급기야 국회의원직을 잃는다. 그는 평생 공직에만 있어 선거법을 제대로 숙지하지 못한 것 같다.

그의 직업적성은 정치인보다는 공무원, 경제학자 즉 행정가나

학자 스타일이다. 이제라도 자신의 짧은 생각을 엄하게 꾸짖고 마음을 비우면서 성찰해 나가야 할 것이다.[3]

 실패는 좋은 스승이 된다. 사람은 성공보다 오히려 실패의 경험에서 많은 것을 배운다. 실패의 경험을 맛보지 못한 사람은 대개 아무것도 하지 못하는 사람이다. 그래서 실패는 미래로 도약하고 발전하는 데 큰 밑거름이 된다.

욕심은 금물이다

영국의 시인·극작가 셰익스피어Shakespeare는 "이 세상에는 행복도 불행도 없다. 다만 생각하기에 따라 이렇게도 되고, 저렇게도 된다"라고 피력한다. 행복과 불행은 모두 자기 자신에게 있는 것이다.

지나친 욕심으로 명예를 잃은 고위공직자와 정치인을 종종 뉴스에서 접한다. 즉 사람은 자기 욕심에 끌려서 유혹을 당하고 함정에 빠지게 된다. 성경에 '욕심이 잉태한즉 죄를 낳고, 죄가 장성한즉 재앙을 낳느니라'라는 말이 나온다.[4]

오늘도 세상은 연일연야 사건사고로 복잡하게 돌아간다. 코로나19로 지친 국민들에게 희망적인 뉴스보다는 다소 허탈감에 빠지게 하는 내용으로 많은 시간을 할애한다.

뉴스는 자녀의 학폭문제와 각종 단체에서 들어온 위로금으로 당선된 정치인을 이슈로 다룬다. 그리고 수백억 원대 배임·횡령 혐의로 의원직을 잃은 정치인도 헤드라인 뉴스로 장식한다.

'인색한 사람의 재물은 저무는 일몰처럼 이웃을 따뜻하고 행복하게 할 줄 모른다'라는 말처럼, 이미 가진 게 충분한데도 늘 적다고 하는 사람은 무엇에든 만족하지 못한다. 지나친 욕심은 국민들과 자기 자신에게도 손해를 입힌다.

사람은 누구나 가지 말아야 할 길을 가면 안 된다. 타고난 자신의 직업적성에도 없는 직업을 가지려고 과욕을 부리면, 곤란한 일이 생기게 된다.

한漢나라의 시인 가자賈子는 "탐욕스러운 사람은 재물에 욕심을 걸고, 의로운 선비는 이름에 목숨을 걸고, 권세욕이 강한 사람은 권세에 목숨을 걸지만, 보통 사람들은 목숨을 아낀다"라고 역설한다.[5]

사람이 자연의 섭리에 순응하지 않고 무리하게 욕심을 내면 탈이 난다. 그래서 이들은 임명과 당선된 후에도 하루도 바람 잘 날 없이 시끄러웠던 것이다.

나폴레옹 1세Napoleon I는 "부귀와 명예는 그것을 어떻게 얻었느냐가 문제이다. 도덕에 근거를 두고 얻은 부귀와 명예라면, 산에

핀 아름다운 꽃과 같다"라고 설파한다.

 조선 후기의 실학자 정약용丁若鏞은 "벼슬이란 갑자기 올라가면 떨어지기 쉬우며, 임금의 총애가 지나치게 높다간 그 총애가 도리어 쇠퇴하기 쉬운 법이다"라고 언급한다.

 야망에 눈이 멀어 갑자기 높은 벼슬을 탐내면, 하루아침에 모든 것을 잃게 된다. 욕심은 채워도 그 끝과 밑바닥이 없는 법이다.

운명은 피할 수 없다

사람과 운명은 떼려야 뗄 수 없는 불가분의 관계이다. 독일의 작가 에커만 Eckermann은 "사람은 운명의 여신에게 강하게 또는 부드럽게 얻어맞는다"라고 주장한다. 결국 사람은 운명을 피하려다 언젠가 또 다시 마주치게 된다.

이 세상에 '우연'이라는 것은 없다고 한다. 윌슨Wilson도 "운명에는 우연이란 없다. 인간은 어떤 운명을 만나기 전에 벌써 제 스스로 그것을 만들고 있는 것이다"라고 역설한다.

타고난 직업적성을 가볍게 여기면 나중에 후회할 일이 생긴다. 지인이 기초의원 선거에 출마한다고 해서, 그의 생년월일을 분석해 본다. 그런데, 그의 직업적성에는 정치인에 대한 직업이 전혀 나오지 않는다. 즉 ① 당선이 어렵고, ② 정치적 역량이 부족한 것으로 나온다.

"이번에 당선 쉽지 않을 것 같은데요····."
"아닙니다. 자신 있습니다!"

나는 개표가 종료될 무렵 새벽 5시에 그에게 전화를 건다.

"여보세요. 선거결과 나왔나요?"
"네, 막 당선돼 기자와 인터뷰를 마쳤어요."
"와~ 정말요? 축하드려요. 제가 오전 중에 갈 테니 그때 뵐게요."

갑자기 그에게 미안한 맘이 든다. 그런데 2시간 뒤에 그로부터 전화가 걸려온다.

"왜 전화했어요?" "지금 막 그쪽으로 가려는 참인데···."
"뭐가 잘 못됐는지 낙선됐어요!"
"네에!, 아니! 좀 전에는 당선됐다고 했잖아요?"
"네, 부재자 투표함이 뒤늦게 도착했는데, 내 표가 한 장도 안 나왔어요!"

그는 결국 낙선된다. 그는 사업을 하면서 열심히 사는 분이다. 다만 정치에 대한 경험이 전무全無하고, 관운이 따르지 않아 낙선된 것이다. 앞으로 더 열심히 노력하고 준비하면, 다음엔 좋은 결과가 있을 것이다.

제3장

꿈과 하늘의 계시

꿈이란 무엇인가?

꿈이란 것은 '잠자는 동안 일어나는 심리적 현상의 연속'을 의미한다. 다시 말하면 사람이 잠을 잘 때 '유혼遊魂의 변동으로 생기는 현상', 또는 '수면 중에 일어나는 정신활동'을 말한다.[1]

신라 선덕여왕 시절 김유신金庾信 장군에게는 여동생 김보희金寶姬, 김문희金文姬 등이 있었다. 설화에 의하면 보희寶姬는 어느 날 밤 꿈에 '서형산(西兄山 : 지금의 경주 서악)에 올라 소변을 보았는데, 오줌이 경주 도성을 가득 채웠다'라고 한다.

이튿날 아침, 꿈 내용이 매우 민망했던 보희는 수줍은 얼굴로 동생 문희文姬에게 이야기를 들려준다. 머리가 영리한 문희는 '범상치 않는 꿈'으로 판단하고, 언니에게 그 꿈을 팔라고 간청한다.

"언니, 그 꿈 내게 팔아!"
"무엇을 줄 건데?"
"내가 아끼는 비단치마 줄게."
"좋아, 어젯밤 꿈을 너에게 팔게."

문희는 치마를 벌려서 언니로부터 꿈을 받고 언니 보희에게 비단치마를 건넨다. 보희에게 꿈을 산 문희는 김춘추(金春秋 : 신라 29대 왕)를 만나 혼례를 치르게 되고, 후일에 문명왕후文明王后가 된다. 그리고 그때 임신한 아이는 훗날 신라 제30대 문무왕文武王이 되어, 삼국통일의 위업을 달성한다.[2]

프로이트(S. Freud : 오스트리아의 정신과 의사 · 정신분석학파의 창시자)는 꿈을 "소망에 대한 충족이다"라고 주장하면서, 다시 꿈을 "다분히 예시적이며, 예언적인 일면을 가지고 있다"라고 역설한다.[3]

꿈을 인간의 영적활동의 산물로 믿었던 고대인들도 꿈이 '미래에 전개될 어떤 사건의 전조前兆'라고 믿었다. 이들은 꿈을 해몽하여 미래를 예측하고, 길흉吉凶을 점치는 방법을 만들어 내곤했다.[4]

평소 필자와 가깝게 지내고 있는 C시청의 S국장은 몇 해 전 '대통령으로부터 표창장을 받는 꿈'을 꾸고, 집 앞의 산에 올라 40년 묵은 산삼 15뿌리를 캐 화제를 모은바 있다.

'꿈도 마음에 있어야 꾼다'라는 속담처럼 평소 생각이 없으면 아무런 꿈도 꾸지 못한다. 사실 꿈을 과학적으로 증명할 수는 없다. 그리고 꿈과 현실이 일치하는 경우도 드물다. 그러나 종종 어떠한 꿈을 꾸고 로또lotto 등에 당첨된 사례도 있는 것으로 전해진다.

영국의 철학자 러셀Russell은 "지금 내가 꿈꾸고 있다고는 믿지 않지만, 꿈꾸고 있지 않다고 증명할 수도 없다"라고 말한다. 그래서 꿈이란 것은 항상 인간의 정신을 새롭게 불러내 주고 있는데, 예나 지금이나 꿈해몽은 많은 사람들의 관심사 중의 하나가 되고 있다.

이성계 장군과 무학대사

고려 말, 이성계(李成桂 : 1335~1408) 장군은 날로 부패해 가는 고려왕조를 탄식하며 명산대찰名山大刹을 찾아 나선다. 그러던 어느 날 밤, 참으로 묘한 꿈을 꾼다.

"거참 이상하구나. 알 수 없는 꿈을 연달아 꾸다니 · · · ."

이튿날, 이성계는 간밤의 꿈자리가 이상해 꿈풀이를 잘하는 노파를 찾아간다.

"간밤에 꿈을 꾸었기에 찾아왔소."

이성계의 꿈 이야기를 들은 노파는 한동안 깊은 생각에 잠기더니 신중하게 말문을 연다.

"제가 어찌 해몽을 할 수 있겠사옵니까? 여기서 서쪽으로 40리쯤 가면 설봉산이 나옵니다. 그 산자락에 조그만 토굴이 있는데, 그곳에 스님 한 분이 살고 있사옵니다. 그를 찾아가면 도움을 받을 수 있을 것이옵니다."

"고맙소."

이성계는 그 길로 스님을 찾아 나선다. 토굴에 당도해 스님께 삼배三拜를 올린 후에 찾아온 사연을 소상히 밝힌다.

"지난 밤 꿈에 시골 마을을 지나는데, 닭들이 일제히 울어대더니 집집마다 방아 찧는 소리가 들렸소이다. 그리고는 하늘에서 꽃비가 내렸소이다."

"음, 그 꿈은 아주 길몽이옵니다." "닭이 일제히 꼬끼오! 하면서 울어댄 것은 앞으로 높은 자리에 오른다는 뜻이옵고, 방아 찧는 소리와 꽃비가 내린 것은 귀한 인물이 되어 축하를 받는다는 의미이옵니다."

얼굴이 발그스름하게 상기된 이성계는 계속해서 지난밤 꿈 이야기를 이어간다.

"금강산金剛山 어느 절에서 잠을 자는데, 갑자기 불이 나서 불탄 집에서 서까래 세 개를 등에 지고 나왔소이다."[5]

그러자 스님은 이성계 앞에 무릎을 꿇고 앉으며 은밀한 목소리로 말을 이어간다.

"장차 임금이 되실 꿈입니다."
"네! 그 꿈이 어찌하여 임금이 된다는 겁니까?"
"서까래 세 개를 등에다 지고 나오셨으니 그 형국이 '임금 왕王자'가 아니오이까?"[6]
"음."
"참으로 그런 꿈을 꾸셨다면 함부로 발설하면 안 됩니다."

스님의 말을 들은 이성계는 흥분된 마음을 숨길 수 없었고, 어느새 상기된 얼굴에 목소리마저 떨고 있다. 그러나 스님은 계속해서 말을 이어간다.

"그대의 얼굴에 군왕의 기상이 서려 있구려!"
"내 얼굴이 그렇단 말이오?"
"네. 허나 성현聖賢에게 기도를 올리고, 공덕을 쌓아야 뜻을 이룰 수 있을 것이오. 앞으로 3년은 더 기다려야 할 터이니 그동안 이곳에 절을 짓고, 오백나한(五百羅漢 : 500명의 불교 성자)을 모셔 기도를 올리도록 하시오!"

스님께 스승의 예를 올린 이성계는 기도를 올리는 간절한 마음으로 안변 땅에 '석왕사'를 세운다. 그리고 오백나한을 모시기 위해 석왕사 경내에 '응진전'을 건립한다. 때마침 함경도 길주의 '광적사'에 방치된 대장경(불교의 경장·율장·논장 등을 집대성한 불교경전)과 오백나한을 석왕사로 모셔온다.

'겸손한 사람의 기도 소리는 구름을 꿰뚫는다'라는 명언처럼, 이성계는 1천일 동안 지극정성으로 기도를 올려, 마침내 '하늘의 뜻'으로 새 역사의 장을 열게 된다. 자고로 하늘은 누구든지 간절히 소원을 빌고, 선행을 하는 사람에게만 사비를 베푼다.

> 소원은
> 자기 자신과 만물의 의도가
> 서로 일치될 때 이루어지리라.
>
> 「소원」
> 최기종 제4시집 『상큼한 사랑』 중에서

조선 제1대 임금 태조 이성계(재위 : 1392~1398)는 무학대사를 비롯한 정도전, 이지란, 조준, 남은, 배극렴, 김사형, 이방원(태종 : 훗날 조선 제3대 임금에 오름) 등 당대 걸출한 인재들의 도움을 받아 새로운 나라를 건국한다.

이성계는 보위寶位에 오르자 제일 먼저 무학대사(無學大師 : 1327~1405)를 찾아, 그를 조선 최초의 왕사王師로 임명한다.

이성계의 예지몽豫知夢과 무학대사와의 운명적인 만남으로 조선왕조 5백 년의 기틀이 마련된다. 그래서 운명에는 '우연이란 없고 필연만 있을 뿐이다'라고 한다.

김유의 아내와 능양군

 조선의 제14대 임금 선조(宣祖 : 1522~1608)는 여러 명의 손자를 불러들여, 그림을 그리게 하고 글씨를 쓰게 한다. 그때 능양군(綾陽君 : 1595~1649)은 말[馬]을 그리는데, 후일 선조는 능양군이 그린 '말 그림'을 이항복(李恒福 : 조선 중기의 학자·문신·영의정·좌의정·우의정 등)에게 하사한다.7)

 훗날, 이항복은 북청으로 귀향을 떠나면서 가보로 간직한 '말 그림'을 후배 '김유'에게 선물하는데, 김유는 그 그림을 자신의 사랑방에 걸어 놓는다.

 그러던 어느 날, 능양綾陽이 외출을 하다가 삼청동에서 갑자기 소낙비를 만나자, 황급히 어느 낯선 집 대문 처마밑에서 잠시 비를 피한다.

 "뉘신지 모르오나, 비가 금방 그치지 아니할 듯하오니 잠시 저희 집 사랑방으로 드시옵소서."
 "고맙소."

그때 능양은 하인의 안내로 사랑방으로 드는데, 그 옛날에 자신이 그린 '말 그림'이 벽에 걸려 있는 것을 보고 깜짝 놀란다.

"내 그림이 어찌하여 이 집에 있을까?"

능양이 고개를 갸웃거리는데, 때마침 집주인이 방으로 들어오면서 인사를 건넨다.

"어서 오십시오."
"초면에 폐가 많소이다."
"아닙니다. 누추한 곳에 모시게 되어 결례했습니다."
"저 그림은 어떻게 해서 얻게 되었소이까? 사실, 저 그림은 제가 어렸을 때 선조왕의 탑전에서 그린 건데, 어찌하여 이곳에 있는지요?"
"하오시면 나리께서는?"
"사람들은 나를 '능양'이라 부르고 있소이다."
"나리! 저는 강계부사를 지낸 '김유'라 하옵니다."

한참 그림 얘기를 하면서 밀담을 나누는데, 김유의 아내가 주안상을 가지고 들어온다. 이때 부인은 '능양'의 얼굴을 보자, 그만

주안상을 바닥에 떨어뜨린다. '쨍그렁!'

"여보! 왜 그래요?"
"결례했습니다. 다시 마련해 오겠습니다."

주안상을 다시 마련해 온 부인은 잠시 망설이다가 입을 연다.

"사실 제가 간밤에 꿈을 꾸었는데, 임금이 타는 수레가 우리 집 사랑방으로 들어 왔습니다. 그런데 지금 앞에 계신 분과 모습이 똑 같으신지라 ⋯."[8]

갑자기 김유의 온 몸에 소름이 끼쳐온다.

"이것은 필시 하늘의 계시이다."
"능양은 다음 대의 보위를 이어갈 왕재(王才)가 분명하다!"

이때, 능양은 떨리는 목소리로 조심스럽게 말문을 연다.

"부인! 오늘 있었던 일은 절대로 입 밖에 내서는 아니 될 것이오!"

"네, 나리!"

소낙비 때문에 만난 능양군과의 인연, 그리고 부인의 예지몽豫知夢 모두가 예사롭지 않다. 마음이 다급해진 김유는 친구 '신경전'을 불러 계책을 세운다.

"여보게 신경전! 세상이 바뀌면 어찌하겠소!"
"뭐! 세상이 바뀐다고?"

세상이 바뀐다는 것, 그것은 무엇을 뜻하는가? 이야기를 전해 들은 신경전은 깜짝 놀란다.

"여보게! 그게 사실인가?"
"그렇다네, 신경전! 우리와 뜻을 함께할 동지를 모아야 하네."
"좋소! 나도 앞장서겠소!"

천하대세는 전쟁보다는 눈에 보이지 않는 커다란 운명運命이라는 힘에 의하여 변화되어 간다.9) 광해군光海君 15년(1623)년 이 시기에 인조반정仁祖反正이 일어나 역사는 다시 인조仁祖 1년으로 기록된다.

결국 우여곡절 끝에 광해군의 치세治世에 종지부를 찍고, '인조 임금의 시대'를 여는 여명이 밝아온다. '큰 인물은 하늘이 내린다'라는 말처럼, 결국 보위는 능양군으로 이어지면서 조선 제16대 왕 인조(仁祖 : 능양군) 임금이 탄생한다.

 김유의 아내 예지몽과 능양군과의 숙명 같은 만남이 인조仁祖 임금을 탄생시키는 계기가 된다. 하늘은 영웅을 내리지만, 그 영웅을 만드는 것은 사람이다. 따라서 영웅이 되려면, 반드시 어질고 지혜로운 사람의 도움을 받아야 큰일을 도모할 수 있다.

서백과 강태공

'상商나라'의 별칭은 '은殷', '은상殷商'이라고도 부른다. 그러나 상나라의 멸망 후에는 '주周나라(기원전 1046~256년)'로 부르게 된다.

한편, 상나라 주왕紂王의 폭정으로 세상이 어지러워질 무렵, 중국 서부 국경에 위치한 지방행정구역의 통치자 서백(이름은 '희창'이며, '서백西伯'이라는 지위를 붙여 '서백창'이라고도 함)은 백성을 어질게 다스린다.

서백西伯은 매우 용감하고 지혜로운 통치자이다. 오랑캐를 무찔러 백성의 안위를 편안하게 해주었는데, 그러다 보니 민심은 자연스럽게 서백에게 쏠리게 된 것이다.

어느 날 밤, 서백은 매우 뜻 있는 꿈을 꾼다. 꿈속에 '곰[熊] 한 마리가 동남쪽에서 나타나 서백 앞에 다가와 앉더니 잠시 후에 문무백관이 들어와 배례拜禮를 한다.' 잠에서 깬 서백은 모사 의생宜生을 불러 꿈 얘기를 들려준다.

"장차 주공主公께서 현인을 만나 보위에 오르신다는 뜻이옵니다."
"곰은 무엇을 뜻하는가?"
"곰은 현인을 얻게 된다는 뜻이옵니다."
"문무백관이 배례를 한 것은 무엇을 뜻하는가?"
"네, 그것은 장차 만조백관을 거느리신다는 뜻이옵니다."
"곰이 동남쪽에서 온 것은 무슨 뜻인가?"
"네, 동남쪽으로 가시면 현인을 만날 수 있다는 뜻이옵니다."

서백과 의생은 말을 타고 동남쪽으로 사냥 겸 현인을 찾아 나선다. 그러던 어느 날, 늪가에서 낚시꾼이 "이제는 폭군 주왕紂王을 몰아내고, 새 나라를 세울 때가 되었다"라는 뜻이 담긴 노래를 부른다.

"여보시오. 그 노래는 누구에게 배웠소?"
"80세의 어옹漁翁에게 배웠소!"
"그 분은 지금 어디 계시오?"
"여기서 100리 정도 떨어진 반계의 위수渭水라는 곳에 살고 있소!"

두 사람은 80세의 어옹漁翁이 자신들이 찾고 있는 현인이라 생각하고 위수로 향한다. 그런데, 이번에도 위수의 또 다른 낚시꾼이 "세상사람 어진이의 높은 뜻 몰라주니 늙은 사람 물가에서 낚시질만 하노라"하면서 노래를 부른다.

서백은 의미심장한 노래를 부르는 낚시꾼에게 다가가 묻는다.

"그 노래는 누가 가르쳐 준거요?"
"80세의 어옹이 가르쳐 준거요!"

두 사람은 위수로 달려가 어옹을 부르니 손자가 달려 나온다.

"주인장 계시오!"
"안 계십니다. 오늘 아침 약초 캐러 가셨습니다."
"언제 돌아오느냐?"
"사흘 쯤 후에나 돌아오십니다."
"할아버지는 뭐하시는 분이냐?"
"네, 강가에서 세월을 낚고 계십니다."
"음, 과연 현인이로다!"

사흘 후 어옹이 나타나자 서백은 엎드려 큰절을 올린다.

"소생 서백이라 하옵니다. 도탄에 빠진 나라를 구하고자 하오니, 어옹께서 도움을 베풀어 주시옵소서!"

"음, 때가 무르익으면 상나라를 멸하고, 새로운 나라를 세우십시오!"

"새로운 나라요?"

"네, 새로운 나라를 세우는 데는 군사를 일으키는 방법과 덕德을 쌓는 방법이 있소이다."

"두 가지 중에 어느 것이 좋으십니까?"

"음, 덕을 쌓는 방법이 좋겠소이다····."

세상 사람들은 그를 강태공姜太公이라 부른다. 그의 성은 강姜, 이름은 여상呂尙, 호는 비웅飛熊이다. 또한 그는 천문 · 지리 · 병법 · 주역 · 관상학 등 각종 학문에 도통한 희대의 천재이다.

그는 80세 이후, 자신의 운명을 예측하고 벼슬에 오를 준비를 하고 있었다. 하늘에는 입이 없지만 사람을 통해 말을 하게 한다. 서백은 강태공의 호가 '비웅飛熊'이라는 것을 알고, 꿈속에서 '곰[熊]'을 만난 일을 회상하며 크게 기뻐한다.

서백은 강태공을 등용하여 주周나라의 기틀을 마련한다. 이윽고 문왕文王 서백은 강태공에게 '태공망太公望'이라는 특별 칭호를 내리고, 내정 전체를 통솔하게 한다.[10] 결국 문왕文王은 유교 역사가들이 칭송하는 성군 가운데 한 사람으로 꼽히게 된다.

인생에는 다소 짓궂은 구석이 있다. 웬만한 노력과 헌신으로는 쉽게 꿈을 내주지 않는다.[11] 꿈속에서 만난 '곰[熊]'을 길몽으로 판단한 서백은 끈질긴 노력과 수소문 끝에 강태공을 만난다. 비록 하찮은 꿈이라도 예리하게 분석해 보고, 현명하게 대처하면 자신이 소망하는 큰 꿈을 실현시킬 수 있다.

제4장

난세의 영웅

왕의 책사

충신을 멀리하고 지조와 덕행이 없는 간신을 가까이하면, 백성과 신하들이 왕을 불신하게 된다. 그래서 왕은 현명한 책사를 곁에 두고, 그의 간언을 받아들여야 한다. 진심으로 그 간언을 마음속 깊이 간직하면, 그 속에서 싹이 돋고 지혜가 샘솟는다.

시대마다 나라마다 난세亂世 때는 '명석한 두뇌와 전략적 사고를 가진 지략가' 즉 책사가 필요하다. 훌륭한 책사를 얻는 것도 왕의 복이고, 훌륭한 왕을 만나는 것도 책사의 복이다.

국가든 집단이든 조직을 가지고 있는 이상, 그것을 움직이는 유능한 책사나 인재가 국가발전의 원동력이 된다. 그러나 책사나 인재에 문제가 있다면, 그 나라의 미래는 분명 어둡다.[1]

당시 중국을 빛낸 대표적인 왕의 책사와 영웅은 ① 제갈량, ② 관중, ③ 강태공, ④ 손무, ⑤ 조조를 들 수 있고, 우리나라를 빛낸 대표적인 왕의 책사와 영웅은 ① 최응, ② 최무선, ③ 이순신을 꼽을 수 있다.

당나라의 시인 이백李白은 "하늘이 나를 낳은 것은 반드시 써먹을 곳이 있기 때문이다. 주변의 비루鄙陋한 인물이라도 잘 거두어 두면, 반드시 그 쓰임새가 있는 법이다"라고 피력한다.[2)]

나라마다 국정이 잘 유지될 수 있었던 것은 옆에서 왕을 바르게 보필하고 도운 당대 최고의 책사와 정치가·병법가 등이 있었기 때문이다. 책사가 왕이나 대통령을 올바르게 보필하면 나라는 흥하게 되지만, 왕이나 대통령의 성총聖聰을 흐리게 하면 나라는 곧 쇄락의 길로 빠지게 된다.

제갈량

중국 역사에 나오는 왕의 책사 중 가장 많이 알려진 사람은 제갈량(諸葛亮 : 181-234)일 것이다. 그는 삼국시대 촉한蜀漢의 걸출한 정치가이자 탁월한 병법가이다. 자는 공명孔明으로 흔히 '제갈공명'이라고도 불린다.

원래 촉한은 중국 삼국시대 때 유비(劉備 : 161-223)가 지금의 사천성 시억에 세운 나라로 성식국호는 '한漢'이라고 하지만, 역사상 명확한 구분을 위하여 '촉한'이라 부른다.[3]

제갈량은 자기 스스로도 명재상 관중管仲과 비교했을 정도로 갖가지 기묘한 꾀를 짜내는 군사전략가, 정치가로서의 능력이 뛰어난 사람이다. 사실 관중은 공자孔子가 존경해 마지않은 고대의 대표적인 정치가이다.[4]

한편, 유비劉備는 위나라를 세운 조조曹操에게 패한 후, 형주의 유표(劉豹 : 촉한의 대신)에게 몸을 의탁하면서, 촉한을 부흥시킬 인재를 모으고 있었던 중이다. 자신의 세력이 미약하고, 사정이 다급했던 유비는 207년(건안 12)에 지혜와 재주가 많은 제갈량을 만나기 위해 직접 찾아 나선다.

당시 제갈량은 형주의 양양 근처 융중산隆中山 자락의 작은 초가집에 은거하며, 독서와 농사를 지으면서 지낸다. 때마침 유비는 제갈량의 초가草家를 세 번이나 방문하는데, 첫 번째와 두 번째는 만나지도 못했고, 세 번째 가서야 겨우 그를 만나게 된다.

그래서 '삼고초려三顧草廬'라는 말은 유비가 제갈량의 초가집을 세 번 찾아가 군사君師로 맞이했다는 일화에서 나온 말이다. 즉 진심으로 예를 갖추어, '유능한 인재를 맞아들이기 위하여 참을성 있게 노력하는 것을 비유'[5]할 때 쓰인다.

양양은 형주의 정치·문화의 중심지였던 곳으로 각지에서 여러 부류의 사람들이 모여들었다. 제갈량은 양양에 머물면서 당대의 이름난 명사들을 사귀고 학문을 교류하고 있었던 참이다.

형주에서의 제갈량은 특별히 하는 일 없이 유유자적하며 허송세월을 보내는 듯이 보였으나, 실상은 자신의 명성을 쌓고 시대의 흐름을 읽으며, 때를 기다리고 있었던 중이다.[6]

이윽고, 군사를 지휘하고 통솔하는 데 있어서 신의를 근본으로 삼았던 제갈량은 촉한의 건립자 유비劉備의 책사로 활약한다. 그는 유비가 촉한의 황제가 되자, 그 공을 인정받아 승상(丞相 : 천자를 보필하는 최고의 관직)의 자리에 오른다.

 그는 모든 판단과 행동을 백성들의 입장에 서서 생각하고 스스로 모범을 보인다. 또 관청의 기구를 합리화하여 현실적인 정치를 명확히 내세워 공평한 정치를 실행할 뿐[7] 포퓰리즘populism을 위한 정책은 아예 세우지도 않는다.

 제갈량의 정치적 특징 중에서 가장 먼저 '신상필벌信賞必罰'을 꼽을 수 있다. 그는 촉한의 장령 마속(馬謖 : 190-228)을 '울면서 참斬했다' 할 정도로 공사公私를 엄격하게 구별한 사람이다.[8] 그는 신분이 아무리 미천해도 공적이 있으면 큰 상을 내린다. 그러나 아무리 권력과 세력을 가진 인물이라 할지라도 국격國格을 실추시키거나 나쁜 짓을 하면, 반드시 엄하게 벌을 내린다.

 자고로 군주가 거룩하고 고결하면, 어진 신하는 반드시 복을 받는다. 또 군주가 총명하여 사리에 밝고 신하가 꿋꿋하고 곧으면, 그것은 나라의 경사이자 큰 복이 된다.

관중

관중(管仲 : 기원전 725-645)은 춘추시대 제齊나라의 재상이며 정치가이다. 그는 제나라의 군주 환공(桓公 : 재위 BC 685~643)을 도와, 그를 춘추오패春秋五霸 최초의 패자霸者로 만든 사람이다. 제갈량과 함께 중국의 2대 재상으로 불린다.

여기서 패자란 '패권주의적 국제관계에서 그 패권을 쥔 자'를 말한다. 즉 중국의 춘추시대에 동주 왕조 하의 제후들 중에서 패권을 잡은 자를 일컬으며, 이들을 '춘추오패'라고 한다.9)

관중管仲은 제나라 사람으로 본명은 관이오管夷吾, 자는 중仲이다. 즉 자를 따서 '관중'이라 부른다. 그는 어린 시절부터 총명했고, 두 살 위인 죽마고우 포숙(鮑叔 : 일명 '포숙아'라고도 함)과 벗하며 친하게 지낸다.

가정형편이 어려운 관중은 포숙과 함께 장사를 하는 데 생각보다 잘 되지 않았다. 그러나 관중은 실패에도 굴하지 않고 끊임없이 인생을 개척해 나간다. 관중을 옆에서 지켜본 포숙鮑叔은 관중이 보통 사람이 아니란 것을 알아본다.

 어느 날, 장사를 접은 관중은 공자 규糾의 스승이 되고, 포숙은 제나라의 공자 소백小白을 섬기게 된다. 그러나 포숙이 섬긴 소백은 즉위하여 군주 환공桓公이 되는데, 관중이 섬긴 규糾는 왕권 다툼에서 패하여 사망한다. 그러자 포숙은 관중을 환공에게 추천한다.

 전술한 바와 같이 관중이 책사로 등용되자 제나라의 군주 환공은 '춘추오패 최초의 패자霸者'가 된다. 환공은 "천하를 바로잡은 것도 모두 관중의 탁월한 지략 때문이나"라고 하면서, 그의 공을 높이 치하한다.

 관중의 저서 중 『관자管子』는 전국시대 제나라에 모인 사상가들의 주장을 모아 기록한 책이다.[10] 그리고 관중의 정치・경제・의례 등에 관한 국정운영의 원칙과 도가・명가・법가 등의 사상과 천문・지리・경제・농업 등의 지식을 담고 있다.

 또 관중은 그의 저서 『관자』에서 "예의와 염치가 없으면 그 나라는 망한다. 한번 명령을 내리면, 마치 물이 낮은 곳으로 흐르듯 민심이 따르게 해야 한다"[11]라고 역설한다.

한편, 이미 세상에 널리 알려진 '관포지교管鮑之交'는 '관중과 포숙의 사귐'이라는 뜻으로[12] 죽마고우 포숙과의 참된 우정에 관한 고사성어이다. 어느 날, 관중은 출세한 뒤에 다음과 같이 말한다.

"나는 가난한 시절에 포숙과 장사를 했다. 나는 이익을 나눌 때 포숙보다 더 많은 이익을 가져갔지만, 포숙은 내 집안 사정을 알고 이해해 주었다"라고 회고한다.

포숙은 사업에 실패한 관중을 원망하지 않고, 도리어 "운이 따르지 않았을 뿐"이라고 위로한다. 또한 관중이 벼슬에서 파직되었을 때도, 전쟁터에서 도망쳤을 때도, 무능과 비겁함을 탓하지 않고 언제나 그를 따뜻하게 감싸준다.[13]

관중은 "나를 낳아 준 사람은 부모님이지만, 나를 알아준 사람은 포숙이다"[14]라고 말한다. 어려운 환경과 사업실패를 딛고 끊임없이 노력하는 관중管仲, 변함없는 우정으로 관중을 따뜻하게 감싸준 포숙鮑叔, 결국 두 사람은 '왕의 책사'로서 각자의 위치에서 군주君主를 지극정성으로 보필하면서, 국력을 강하게 신장시킨다.

강태공

　강태공姜太公은 중국 주周나라 초기의 정치가이며 천문·지리·병법·주역·관상학 등 각종 학문에 도통한 희대의 천재이다. 그의 성은 강姜, 이름은 여상呂尙, 호는 비웅飛熊이다.

　강태공은 일찍이 학문·검술·활쏘기 등에 정진하였으나, 오랜 세월 동안 빛을 보지 못하고 80세가 되도록 불우한 삶을 산다. 그의 아내는 품팔이로 어렵게 생계를 유지하다가, 강태공이 세상으로 등용되기 얼마 전에 집을 나간다.[15]

　"이제 조금만 참으면 재상의 부인이 될 텐데…."

　홀아비가 된 강태공은 위수渭水의 강가로 집을 옮겨 매일 독서와 낚시를 하며 세월을 보낸다. 도가道家의 창시자 노자老子는 "홀로 낚시를 하는 것은 다투지 않음이다"[16]라고 설파한다. 강태공은 80세 이후, 자신의 운명이 어떻게 될 것인지를 예측하고, 미끼를 끼우지 않은 채 홀로 낚시를 하면서 자신을 등용해 줄 귀인을 기다리고 있었던 것이다.

전술한 바와 같이 서백西伯은 위수 근처로 사냥을 가면 현인賢人을 만났을 수 있을 것이라는 자신의 꿈과 점괘를 믿고, 위수로 가서 강태공을 만난다.

"소생, 나라를 구제하고자 하오니 도움을 베풀어 주시옵소서!"
"민심은 이미 서백께 기울어져 있소이다!"

서백은 강태공과 천하의 정세에 대해 대화를 나누는 중, 강태공의 식견과 학식에 감탄한다. 이윽고 강태공은 서백을 따라 기산으로 간다.

강태공은 일찍이 부모의 목숨을 앗아간 상商나라 주왕紂王에게 복수를 하기 위해 오랜 세월 동안 때를 기다려 왔다. 강태공은 서백의 책사가 되어 주나라의 기초를 세우는 데 큰 공을 세워 재상의 자리에 오른다.

주周나라 건국의 기초를 세운 문왕(文王 : ?-기원전 1056)의 이름은 '희창姬昌'이며, '서백西伯'이라는 지위를 붙여 '서백창西伯昌'이라고도 한다. 그리고 문왕의 뒤를 이은 둘째 아들 무왕武王의 이름은 '희발姬發'이다.

강태공은 문왕文王에 이어 다시 무왕(武王 : ?-기원전 1043) '희발'을 도와 상商나라를 멸망시킨다. 주나라를 세우는 데 일등공신이 된 강태공은 동쪽 바닷가 땅을 하사받아 제나라의 제후로 봉해진다.[17]

80세가 지나면서 운이 활짝 트여, 주나라 창업에 지대한 공은 세운 강태공은 여섯 권의 병서兵書를 남긴다. 손무의 『손자병법孫子兵法』보다도 무려 5백 년 먼저 발간된다.[18]

세상일이란 기운이 성하면 쇠하는 것이 자연의 이치이다. 앞으로 나아감과 뒤로 물러남, 야망을 펼침과 사세를 움츠림에 있어서도, 그 시대의 흐름에 따라야 한다. 맹자孟子는 궁즉독선기신窮則獨善其身 달즉겸선천하達則兼善天下를 강조한다. 즉 "어려울 때는 자신을 수양하고, 일이 잘 풀릴 때는 반드시 세상에 나가 큰일을 도모하라"[19]라고 설파한다.

세상에 나아가 큰일을 도모하면서, 자신의 포부를 마음껏 펼칠 수 있게 된 80세의 어옹漁翁 강태공, 그는 나이를 잊은 채 '왕의 책사'로서 자신의 소임을 다하면서, 주나라가 천하를 제패하는 데 혁혁한 공을 세운다. 그래서 '사람은 누구나 제각기 자신의 운명을 목에 걸고 사는 것이다.'

손무

　손무(孫武 : 545-470)는 제齊나라 출신으로 중국 춘추시대 최고의 명장이자 병법가이다. 자는 장경長卿이며 손자孫子는 경칭敬稱이다.

　손무는 '어린 시절부터 이인異人에게서 비법을 전수받아 위로는 호풍환우(呼風喚雨 : 요술로 바람을 불게하고 비를 내리게 함)의 재주를 갖추었고, 아래로는 귀신도 굴복시킬 정도의 신통력을 가진 인물이다'라고 전해지고 있다.

　그는 이름난 고전장古戰場을 직접 답사하면서, 관추 노인에게 "장차 천군만마를 지휘할 지략을 갖추려면, 그만한 공부는 해둬야 할게 아니겠습니까"[20]라고 강조한다. 손무는 병법을 연구하기 위해, 여러 해 동안 현지답사를 통해 전술과 전법을 연구하고 기록한다.

　어느 날, 손무는 오나라의 재상 오자서伍子胥를 알게 되고, 그 후 오나라의 수도 근처의 산간에 칩거하면서 '손자병법 13편'을 저술한다. 그러다가 기원전 515년에 오자서의 추천으로 오나라 왕 합려闔閭의 부름을 받는다.

『손자병법孫子兵法』을 읽어 본 합려는 손무의 뛰어난 용병술을 인정하고 그를 장군으로 삼는다. 오나라의 장군이 된 손무는 왕 합려가 총애하는 궁녀 180명을 포함해 군대를 강하게 훈련시킨다.

기원전 506년 합려는 손무와 오자서를 대장으로 삼아 초나라를 침략한다. 손무의 전략에 따라 오나라 군은 초나라의 수도 영郢을 차지하고, 북쪽의 제나라와 진나라를 위협해 만천하에 이름을 떨친다.[21]

그러나 기원전 496년 왕 합려는 손무의 반대에도 불구하고 월나라를 공격하다 패배한다. 왕 합려가 부상으로 사망하자, 손무와 오자서는 합려의 후계자인 부차(夫差 : 재위 BC 496-473)를 보좌하고, 국력을 신장시킨 뒤에 월나라를 공격해 크게 승리한다.

손무는 논공행상論功行賞에 있어서도 함부로 상을 남발하지 않는다. "적진에서 상금이나 상장을 함부로 남발하고 있다면, 그것은 적의 지도자가 막다른 길로 들어서고 있다는 증거로 생각해도 좋다"라고 강조한다.

손무에 대한 기록은 중국의 상고시대(上古時代 : BC 2196년 이전)부터 한무제(漢武帝 : 기원전 141~87년)까지 3천 년의 역사와 인물을 기록한 사마천司馬遷의 『사기史記』, 오나라와 월나라의 흥망사를 기술한 『오월춘추吳越春秋』 등이 있다.22)

손무의 손자인 손빈孫臏은 할아버지 손무가 기본적인 틀을 잡고 집필한 『손자병법』에 전쟁 경험과 새로운 연구를 추가하여, 마침내 명저를 남기게 된다.23) 즉 손무와 손빈이 고전장을 직접 답사하고, 수많은 전쟁경험을 통해 집필한 『손자병법』은 '춘추 말기의 군사학설 및 전쟁경험을 묶은 책'이다.24)

당시 공자孔子는 『손자병법』을 몇 차례 되풀이해 읽어 보면서 "자공아, 나는 이 책을 천박한 병서兵書인 줄로만 알고 있었는데, 정작 읽어보니 천하의 명저로구나"25)라고 하면서 칭찬을 아끼지 않았다고 한다.

수많은 전쟁에서 승리하고 이름을 떨친 당대 최고의 명장 손무孫武는 "백전백승은 결코 선지선善之善이 아니다. 진정한 선지선은 싸우지 아니하고, 적을 굴복시키는 것이 선지선이다"라고 힘주어 강조한다.

조조

조조(曹操 : 155~220)는 중국 후한 말기의 정치가 · 병법가로 위나라를 세운다. 사실 위나라의 초대 황제는 조조의 아들 조비曹丕지만, 실질적으로 위나라 건국의 기틀을 마련한 사람은 '조조'이다. 그는 병법과 임기응변에 능해 '난세의 간웅奸雄', '치세의 능신能臣'으로 불렸고, 아들 조비曹丕가 황제에 오르면서 위나라 태조 무황제武皇帝로 추존된다.

조조는 흡사 카멜레온 같이 변화무쌍한 인물이다. 탁월한 국가경영 능력을 가진 그는 인의仁義 보다는 자신의 실리를 추구하는 데 뛰어난 지극히 현실적인 정치인이다.[26]

또 그는 일국의 지도자로서 정치가 · 병법가 이외에도 건강 전문가 · 서예가 · 음악가 · 시인의 얼굴을 가졌는데, 그는 아들 조비曹丕, 조식曹植과 함께 당시의 시단詩壇을 대표하는 존재였다.[27] 그는 일국의 지도자로서 예술 · 문화적 정서도 함께 지닌 뛰어난 인물이다.

특히 조조는 검약가儉約家로도 널리 알려진 사람이다. '후궁들에게 수놓은 옷을 입히지 않고, 시종들의 신발도 단색으로 착용시키고, 병풍이 찢어지면 수선을 해서 사용케 하고, 침구의 둘레장식도 하지 않았다'라고 한다.

조조는 상을 주어야 할 경우에는 천금도 아끼지 않고 내리지만, 이렇다 할 공적도 없는데 상을 받기를 원하는 사람에겐 단 한 푼도 주지 않았다.[28]

사실 그는 어떤 상황에서도 자신의 능력과 역량을 모두 발휘하는 전천후형, 즉 멀티타입multi type의 사람이다. 게다가 사람됨이 매우 준엄하고 강직하면서 냉정하다.

그는 황건적의 난을 진압할 때 두각을 나타냈는데, 벼슬을 역임하면서 관동關東의 주군州郡과 더불어 동탁을 토벌한다. 그는 또 황제와 제후들을 호령하며 정치적으로 자신의 입지를 굳힌다.

한편, 조조는 상서(尙書 : 공자가 요순 때부터 주나라 때까지의 정사에 관한 문서를 모아 지은 책)를 인용해, 나라에 도움이 되는 것을 상세하게 적어 황제에게 글을 올린다. 이에 황제는 그를 태자의 사인舍人, 문대부門大夫 등으로 삼는다.

특히 조조는 뛰어난 말솜씨로 태자의 총애를 받았으며, 태자는 조조를 가리켜 '지혜의 주머니'라고 부르곤 했다.[29]

일반적으로 세상 사람들은 조조를 악역으로 표현하는 경우도 많지만, 그것은 예나 지금이나 국가 간의 다툼을 선악善惡이라는 척도로 재는 방식에서 비롯된 결과일 뿐이다.

오히려 조조는 도량이 넓어 특별히 선악을 구별하지 않고, 그대로 받아들일 정도로 대범한 성격을 지닌『삼국지三國志』의 등장인물 중에 특별한 매력을 지닌 인물이다.[30]

특히 조조는 다양한 분야에서 왕성하게 활동한 지도자로서, 둔전법屯田法의 시행과 수리사업을 일으키는 등 나라의 경제를 안정적으로 경영해 나간다. 그리고 주변의 할거 세력을 모두 평정해 중국 북부를 통일하면서, 자신의 능력과 위상을 만천하에 떨친다.

최응

어느 여름 날, 황주黃州 토산 고을에 사는 '최우달'은 자신의 집 텃밭에 심은 오이 줄기에 참외가 매달려 있는 것을 발견한다.

"오이가 참외로 변하다니 참으로 이상한 일이구나!"

마침 최우달의 아내는 임신 중이었는데, 해괴한 소문이 이웃으로 번지면서 금세 궁예(弓裔 : 국호를 '고려'라 정하고 스스로 왕위에 오름)의 귀에 들어간다. 궁예는 점괘를 본 다음, 최우달을 불러 온갖 협박을 한다.

"만약 사내아이가 태어나면, 나라에 이롭지 못하니 키우지 말도록 하라!"

서기 898년(고려 효공왕 2년) 무렵 최우달 부부는 출산 사실을 비밀에 부치고, 아이를 먼 친척집으로 데려가 몰래 키운다. 친척집에서 자란 최우달의 아들은 어느새 신동神童으로 소문이 난다. 겨우 열 살에 불과한 어린아이가 유교경전과 문장에도 통달했다는 소문을 접한 궁예는 아이를 불러놓고 직접 시험을 해본다.

"음, 이른바 성인을 얻는다 함은 바로 이 아이를 두고 하는 말이 아닌가?"

궁예가 인재를 얻었다고 감탄한 아이는 바로 자신이 꺼림칙하게 여겼던 최우달의 아들 최응(崔凝 : 898-932)이다.

과거 최우달에게 협박했던 일을 까맣게 잊은 궁예는 최응에게 외교문서와 각종 조서를 작성하는 '한림랑翰林郞'의 벼슬을 내린다. 최응은 궁예를 보필하면서, 조정의 앞날을 훤히 꿰뚫어 본다.

그러나 미륵불을 자칭한 궁예의 사람 잡는 '관심법觀心法'의 등장으로 백성들이 참혹하게 죽어나가자, 최응은 훗날 자신을 신뢰했던 궁예를 어쩔 수 없이 배반한다. 그리고 절박한 지경에 처한 왕건王建에게 큰 도움을 준다.[31]

한편, 왕건은 큰 군사적 마찰 없이 하룻밤 사이에 권력을 손에 넣는다. 그러나 왕건은 난국을 슬기롭게 극복해 나갈 대안을 제시해 줄 수 있는 재능이 뛰어난 책사策士가 필요했다.

그러던 어느 날, 고려 제1대 임금 왕건(王建 : 재위 918-943)의 부름을 받은 최응은 20세의 나이로 지원봉성사知元奉省事가 되었다가, 다시 광평낭중廣評郎中·내봉경內奉卿 등의 벼슬을 역임하며 태조의 총애를 받는다.32)

왕건은 최응에게 "경은 학문과 식견이 높은 데다 정치를 알고, 나라를 위하여 충성을 다하니 과거의 이름난 관리도 이보다 더할 수는 없을 것이오"라고 하면서 칭찬을 아끼지 않는다.

최응이 '광평낭중'에 오른 지 1년이 채 안 되었을 때, 왕건은 다시 차관급인 '광평시랑廣評侍郎'의 벼슬을 내린다. 하지만 최응은 예의를 갖춰 벼슬을 정중히 사양하며 다른 사람을 추천한다.33)

고려의 문신 겸 고려 태조 왕건의 책사인 최응崔凝은 겸손하고 상황을 판단하는 능력이 뛰어난 인물이다. 그는 권력에 쉽게 물들지 않은 보기 드문 인재로서, 언제나 언행이 일치하는 등 어엿한 성품에 사람을 꿰뚫어 보는 혜안을 가진 사람이다.

최무선

시대를 앞서 간 화약무기 발명가 최무선(崔茂宣 : 1325-1395)은 고려 말 조선 초의 무신 겸 정치가이다. 그는 경상도 영주(경북 영천시)에서 출생하지만, 부친이 관직에 오르게 되자 개경으로 이사를 간다.

매년 정월(음력 1월)마다 개경에서는 새해를 축하하는 불꽃놀이가 개최되는 데 마침 최무선은 부친을 따라가 불꽃놀이를 구경한다.

"아버지, 불꽃은 어떻게 만들어요?"
"응, 화약으로 만든단다."
"화약은 또 어디에 쓰이나요?"
"무서운 무기를 만드는 데 쓰지 · · · ."
"그럼, 왜구도 물리칠 수 있겠네요?"

일본의 해적선인 왜구(倭寇)는 삼국시대부터 우리의 남쪽지방 해안가 마을을 습격해 재물을 약탈하고, 왕릉을 도굴하는 등 백성들에게 많은 피해를 끼친다. 특히 왜구는 고려 말에 이르러 더욱더 극성을 부린다.

훗날, 최무선은 고려의 군기감 관리가 된다. 그곳은 무기, 갑옷 등을 만드는 관청이다. 그는 틈틈이 화약을 만드는 법을 연구한다. 그러나 왜구는 하루가 멀다하게 경상도와 전라도로 침입해 농작물을 쑥대밭으로 만들어 놓고 개경 근처까지 몰려온다.

최무선은 급한 마음에 군기감에 있는 자료를 찾아보지만, 화약에 대한 자료는 한 권도 찾지 못한다. 그러나 그의 끈질긴 노력 끝에 '초석', '버드나무 숯', '유황'을 섞어 화약을 만든다는 것을 알아낸다. 하지만 실험은 번번이 실패를 거듭한다.[33]

그러던 어느 날, 최무선은 원나라 사람들이 왕래하는 개풍군 예성강 하류의 벽란도碧瀾渡로 나간다. 그곳은 외국 상인들과 사신들이 드나드는 고려 전기의 대외무역으로 이름난 국제항구로서, 관문 역할을 하던 장소이다.[34]

최무선은 우여곡절 끝에 원나라에서 온 '이원'이라는 사람을 만나, 화약 제조에 필요한 '초석'을 만드는 방법을 터득한다. 그는 '엉뚱한 호기심이 많은 사람'이다. 1376년 50이 넘은 나이에 우리나라 역사상 최초로 화약 개발에 성공한다. 그 결과 1377년에 화통도감의 책임자가 된다.[35]

화통도감에서 최무선은 대장군포, 이장군포, 삼장군포, 육화석포, 불화살 등 여러 종류의 화약무기를 만든다. 그는 1380년에 5백여 척을 이끌고 진포(지금의 금강 하구) 앞바다로 진격해 온 왜구를 격파시켜 큰 전과戰果를 거둔다.

그 후에 최무선은 『화약수련법』, 『화포법』 두 권의 책을 완성하고,[36] 사후에는 '의정부우정승'에 추증된다. 『태조실록』에는 최무선의 발명품에 대해 "화석포, 화포, 신포와 화통, 화전, 철령전, 피령전, 질려포 등의 이름으로 만들어지자, 보는 사람들이 놀라고 감탄하지 않는 사람이 없었다"라고 적혀 있다.[37]

최무선이 만든 화약과 화포, 두 권의 책은 먼 훗날 임진왜란으로 위기에 처한 조선을 구하는 데 큰 밑거름이 된다. 그리고 이순신 장군이 지휘·통솔하는 조선의 군사들은 화약무기를 이용해 왜군을 무찌른다.[38]

결국 그의 어린 시절부터 화약에 대한 남다른 호기심과 한 가지 일에 끈질기게 매달려 추진한 다양한 화포개발로 인해, 절체절명의 위험에 처한 총체적 난국을 지혜롭게 수습한다.

이순신

조선 선조 때 임진왜란과 정유재란에서 왜군을 격파하여 승리로 이끈 '조선의 명장' 이순신(李舜臣 : 1545-1598)은 한성(지금의 서울)에서 출생한다. 시호는 충무공忠武公이다.

그는 서울에 살면서 서애 유성룡柳成龍과 어울려 지냈는데, 어린 시절부터 같은 또래 친구들보다 큰 몸집에 힘 또한 세고, 활쏘기와 칼싸움도 잘해 무인武人으로서의 기질이 뛰어난 것으로 알려져 있다.

유성룡은 자신의 저서 『징비록懲毖錄』에서 "이순신은 말과 웃음이 적은 사람이었고, 그의 바르고 단정한 용모는 수업 근신하는 선비와 같았으나 내면으로는 담력이 있었다"라고 한다.[39]

이순신의 가족은 서울에서 외가가 있는 충남 아산으로 거처를 옮긴다. 그는 선비가 되기보다 말을 타고 군사를 부리고 지휘하는 장수가 되고 싶어 한다.[40] 그래서 문과 응시를 포기하고 자신이 좋아하는 무과武科에 응시한다.

그러나 그는 1572년 '훈련원별과'에 응시했지만, 시험 도중 다리가 부러져 낙방한다. 첫 번째의 참담한 실패 이후, 다시 4년 뒤인 1576년(선조 9년) 30대 초반의 늦은 나이로 식년시무과에 병과로 급제한다.[41]

그 후 이순신은 함경도 지방의 장수가 된다. 그러나 그곳의 성곽은 무너져 방치돼 있고 군사들 또한 군기가 빠져 있다. 여진족이 백성들을 괴롭혀도 관리들은 달아날 궁리만 하고, 조정의 관리들 또한 당파싸움에 여념이 없다.

그러던 어느 날, 이순신이 전라도 발포(지금의 전남 고흥)에서 바다를 지키고 있을 무렵, 한성에서 내려온 '서익'이라는 관리가 이순신을 모함하고, 선조임금에게 거짓 고백을 한다. 그로 인해 이순신은 관직에서 해고된다.

한편, 이순신은 40대 중반에 다시 전라도 정읍의 현감으로 부임한다. 그 무렵, 바다 건너 일본에서는 조선을 침략할 준비를 하고 있었던 중이다. 1591년 이순신은 다시 전라도의 수군을 다스리는 전라좌도의 수군절도사가 되어 거친 파도 위에서 왜군의 침략에 맞설 준비를 한다.[42]

이순신은 군영을 돌며 병장기를 살피고, 전쟁에 쓸 배를 건조하는 등 직접 남해의 섬을 파악하고, 물살이 얼마나 빠른지를 살핀다. 그는 또 '나대용'과 머리를 맞대고 거북선을 건조한다.

 1592년 임진년에 '임진왜란'이 일어난다. 왜군은 수백 척의 배를 이끌고 부산으로 몰려와 국토를 초토화 시킨다. 그 후 한성(서울)까지 진격해 오자 선조임금은 피란길에 오른다.

 이순신이 지휘한 '한산도대첩'은 경남 통영시 부근에서 일어난 전투를 말하고, '명량대첩'은 물살이 세차게 흐르는 울돌목(진도와 해남)에서 일어난 전투로서, 단 13척의 배로 133척의 왜선을 물리친다.

 그리고 '노량해전'은 남해와 하동 사이의 앞바다에서 조선 수군과 명나라 연합군이 왜군과 맞선 전투이다. 1598년 임진왜란은 노량해전을 끝으로 7년간의 긴 전쟁은 드디어 끝이 난다.[43]

 충신은 태평성대 때는 잘 구분이 되지 않지만, 난세를 당해보면 충신인지 아닌지 금세 판명난다.[44] 이순신은 풍전등화風前燈火의 위급한 난세 속에서도, 결코 포기하지 않는 강한 불굴의 의지와 용기로 지혜롭게 나라를 구한다.

제5장
통 큰 리더십

리더란 누구인가?

　역사 이래 한 나라가 눈부신 발전을 이룩했던 것은 훌륭한 리더leader가 있었기 때문이다. 예를 들면 조선왕조를 빛낸 리더는 세종·영조·정조대왕 등이고, 청나라를 빛낸 리더는 강희제·건륭제 황제 등을 꼽을 수 있다.

　리더leader란 '조직이나 단체 등의 활동을 주도하는 위치에 있는 사람'을 뜻한다. 유의어는 지도자·통솔자·지휘자 등이 있다. 즉 대통령, 정당의 대표. 기업의 대표, 단체의 대표 등 다양한 리더가 있다.

　로마의 역사가 타키투스Tacitus는 "이성과 판단력은 리더가 되는 요소"라고 설파한다. 이성은 진위나 선악을 구별하여 바르게 판단하는 능력을 말한다. 이성과 판단 능력이 없는 삼류三流 리더는 신임을 상실해, 국민이나 조직의 구성원들로부터 존경을 받지 못하게 된다.

　국민들 위에 서서 나라를 경영하는 리더는 '명확한 철학에 근거한 깊은 인품과 겸허한 마음가짐, 자신을 갈고닦는 자비심, 자신을 성찰하는 자세, 자신을 다스리는 극기심, 정의를 중시하는 용기 등이 필요하다.'[1]

아무리 자신의 지위가 높더라도 국민이나 조직의 구성원들에게 힘을 사용하거나 권한만 강조하는 리더는 자격이 없다. '리더는 언제나 그가 지니고 있는 덕성과 도덕적인 가치관, 행동을 기준으로 해서 평가된다.'[2]

한 사회나 역사는 언제나 위대한 리더를 필요로 한다. 그러나 진정한 리더는 국민이나 구성원들에게 자유와 행복을 주겠다는 강한 책임감과 그 위대함이 인정돼야 한다.

리더leader에는 ① 삼류, ② 이류, ③ 일류, ④ 진정한 리더로 구분할 수 있다.

첫째, 삼류三流는 '자기의 힘을 사용하는'[3] 사람으로서, 즉 어떠한 부류에서 그 수준이 가장 낮은 층에 속하는 사람을 말한다.
둘째, 이류二流는 '타인의 힘을 사용하는'[4] 사람으로서, 즉 으뜸이 되는 것의 바로 아래의 부류에 속하는 사람을 말한다.

셋째, 일류一流는 '타인의 지혜를 사용하는'[5] 사람으로서, 즉 어떠한 부류에서 사물이나 사람 가운데, 그 수준이 가장 높은 층에 속하는 사람을 말한다.

넷째, 진정眞正한 리더는 '사람의 마음을 움직이는'[6] 사람으로서, 즉 참되고 지혜롭게 이끌어 가는 사람을 말한다. 다시 말하면 삼류는 '아마추어', 이류는 '준프로', 일류는 '프로', 진정한 리더는 '훌륭한 프로'인 셈이다.

정보가 넘쳐나는 오늘날 비즈니스 세계에서는 무엇보다도 리더로서 감성을 활용해야 만이 성공할 수 있다. 영국의 기업가 리처드 브랜슨Richard Charles Nicholas Branson은 "자신의 감성을 일에 쏟아부어라. 그러면 직감과 감성이 도움을 줄 것이다"라고 주장한다.[7]

입안의 혀처럼 아첨하는 자들 속에서 비판과 직언을 모두 받아들일 수 있는 뛰어난 감성을 가진 리더야말로 이 시대의 진정한 리더이다.[8]

리더십이란 무엇인가?

리더십leadership은 '무리의 지도자로서 갖추어야 할 자질', '일을 결정하는 능력', '단체를 통솔하는 능력', '사람들에게 존경과 신뢰를 얻는 능력' 등을 말한다.

영어에서 '리더십'은 약 2백 년 전부터 사용한 것으로 알려져 있으나, '리더leader'라는 어휘는 서기 1천3백 년 경부터 문헌에 등장하는 것으로 나타났다.[9]

전술한 바와 같이 리더는 '조직이나 단체 등의 활동을 주도하는 위치에 있는 사람'으로 정의하고 있다. 이러한 리더의 의미에 상태나 특징을 나타내는 '십ship'을 확장시켜 생성된 leader + ship은 지도자로서 갖춰야 할 덕목·특성·행동으로 해석할 수 있다.[10]

하우스(House, 1999)는 "리더십은 타인에게 영향을 미치고, 동기부여를 하며, 타인이 조직의 효과성과 성공을 위해 공헌할 수 있도록 하는 개인의 능력이다"[11]라고 정의하고 있고, 노르트하우스(Northouse, 2001)는 "리더십은 공동목표를 달성하기 위하여 한 개인이 조직의 구성원들에게 영향을 미치는 과정이다"[12]라고 정의하고 있다.

러더십은 원래 천부적인 능력과 자질이 없으면 발휘하기 힘들다. 즉 생년월일을 분석해보면, 직업적성에 '집단의 리더자'라는 직업군이 나온다. 무조건 열심히 노력한다고 해서 리더십이 생기는 것은 아니다.

리더십은 그 자체의 독특한 기초적인 태도를 필요로 하는데, 기초적인 태도는 하루아침에 이루어지는 것이 아니다. 즉 리더십에 필요한 타고난 능력과 자질은 시간을 두고 서서히 드러나는 것이다.

미국 제16대 대통령 에이브러햄 링컨Abraham Lincoln은 "백성의 신임을 얻지 못한 리더는 두 번 다시 존경을 받지 못한다"라고 강조한다. 한 나라의 리더로 받들 만한 사람이 없다면, 그 나라의 미래는 어두울 수밖에 없다. 지혜로운 눈과 마음으로 리더를 찾는 일은 우리 국민들의 몫이다.

리더십leadership을 기르기 위해서는 매일 자신이 정한 시간에 일어나서 하루의 일과를 시작하고, '리더십이나 커뮤니케이션에 관한

책을 수시로 탐독해 능력을 길러야 한다.'[13]

미래의 리더십은 지금과 많이 다를 것이다. 한 나라를 이끌어 갈 리더leader는 '미래가 어떻게 전개되는지', '미래의 변화가 리더십에 어떤 영향을 미치는지', 또 '어떤 의미가 있는지'를 미리부터 알고 있어야 한다.

특히 갈수록 변화하는 국제사회에서 우리의 위상을 높이려면, 지혜롭고 강력한 리더십이 필요하다. 즉 미래의 성공하는 리더가 되려면 단지 현재를 위한 연습이 아니라 미래를 위한 연습을 해야 한다.

요즘은 해를 거듭할수록 세상이 시끄럽다. 정치는 여야가 정쟁으로 바람 잘 날이 없고, 밖에선 국가 간 무력충돌로 세상을 암울하게 만들고 있다. 국가의 모든 일은 늘 대비하고 평소에 갖추어 놓지 않으면, 비상시 슬기롭게 대처할 수가 없다.

역사상 통치자가 꿈과 비전을 제시한 나라는 오랫동안 번영을 누렸고, 국민들은 함포고복(含哺鼓腹 : 먹을 것이 풍족하여 즐겁게 지냄)할 수 있었다.[14]

세종대왕 리더십

속담에 '될성부른 나무는 떡잎부터 알아본다'라는 말이 나온다. 즉 '크게 될 사람은 어린 시절부터 다르다'라는 뜻이다.

조선 제3대 임금 태종과 원경왕후 민씨 사이에 태어난 아들은 첫째 양녕대군, 둘째 효령대군, 셋째 충녕대군(세종대왕) 등이 있다.

보위는 하늘의 뜻으로 이어진다. 1418년(태종 18) 6월에 태종은 첫째 양녕대군을 대신해, '백성을 다스릴 만한 성품과 리더십을 갖춘' 셋째 충녕대군(忠寧大君 : 22세)을 세자로 책봉하고, 8월에 충녕대군에게 선위(禪位 : 왕이 살아서 임금의 자리를 물려줌)를 한다. 충녕대군의 이름은 이도 李祹이다.

❶ 수신제가

조선의 제4대 임금 세종(世宗 : 1397~1450, 재위 : 1418~1450)은 어려서부터 책벌레였다. 한 번 읽은 것은 절대 잊지 않을 정도로 머리가 매우 영리하다.

논어에서 추구하는 인재상은 군자君子이다. 군자란 '행실이 어질고, 덕망과 학식이 높은 인격자'를 말하는데,15) 세종은 마음이 어질고 지혜를 겸비한데다 성품 또한 온아하고 인자하다.

그는 '의사결정을 할 때는 과감하게 결단을 내리고, 배우기를 좋아해 언제나 손에서 책이 떠나지 않았다'라고 한다. 그리고 『논어論語』, 『맹자孟子』, 『대학大學』, 『중용中庸』, 『주역周易』 등 책을 홀로 읽을 정도로 학문 실력이 매우 뛰어난 성군이다.

그는 또 무슨 책이든 백 번을 읽고 나서야 다른 책을 읽는 등 독서 습관이 특이하고, 남다른 것으로 알려져 있다. 부왕인 태종이 '건강을 염려해 책 읽기를 금할 정도로, 그 만큼 학구열이 매우 높았다'라고 한다.

❷ 인재영입

세종은 보위에 오른 뒤, 고려 때부터 내려온 학문연구기관인 '집현전'을 둘러본다. 뛰어난 인재들로 구성된 집현전 학자들은 세종을 도와 '백성들이 잘살 수 있는 좋은 나라를 만드는 방법'을 연구하고 토론한다.16)

세종은 음악적 재능이 뛰어난 박연(朴堧)을 악학(음악을 연주하고 훈련하는 기관)과 관습도감(우리의 향악과 당나라의 음악을 가르친 기관)의 책임자로 임명한다. 박연은 아악(궁중 음악)을 정리해 악보도 만들고, 돌로 만든 악기인 '편경'을 제작한다.

문인·천문학자 이순지(李純之)는 해·달·별의 운동을 관찰하여 1년 동안의 월일과 계절, 날씨의 변화 등을 정리한다. 이순지와 학자들이 펴낸 한국사 최초의 달력인 『칠정산(七政算)』은 백성들이 농사를 짓는데 큰 도움을 준다.

특히 세종은 자기 일에 충실하고, 손재주가 뛰어난 동래의 관노(관아에 딸린 종)인 장영실(蔣英實)을 인재로 영입해, 천문학 기구(혼천의)를 놓고 열띤 토론을 벌이는 등 과학기술을 크게 발전시킨다.

장영실의 뛰어난 발명품은 별의 움직임과 위치를 관찰하는 '간의와 혼천의', 물시계 '자격루', 해시계 '앙부일구', 강물의 높이를 재는 '수표', 비의 양을 재는 '측우기' 등이다.[17]

그리고 조선왕조 5백년 역사상 가장 뛰어난 재상인 황희(黃喜 : 1363~1452)를 영입해 의정부참찬(議政府參贊)으로 임명한다. 후세의 사람들은 "세종 같은 임금에 황희 같은 정승이 있었기에 조선에 태평성대가 있었다"며 가장 훌륭한 파트너십을 이루었던 세종과 황희 정승을 높이 평가하고 있다.[18]

❸ 문화융성

통치의 목적은 인류의 선한 복福에 있다.[19] 세종은 문화융성을 위해 바깥세상의 새로운 문화, 자연과 인간사회의 현상을 체계적으로 관찰하기 위해 과학science을 과감하게 받아들인다.

세종은 농부들에게 농사에 관한 직을 물은 뒤, '정초' 등을 시켜 백성들에게 도움이 될 농사법을 정리해 『농사직설農事直說』이라는 책을 펴낸다. 이 책에는 '곡식 이름,' '씨앗 보관법,' '씨 뿌리는 법,' '밭가는 법,' '거름 주는 법' 등 우리나라 풍토에 맞는 농법으로 다양한 정보를 수록하고 있다.[20]

세종은 또 글을 모르는 백성들을 위해 『삼강행실효자도三綱行實孝子圖』라는 책을 펴낸다. 이 책은 효행에 관한 내용을 글과 그림으로 쉽게 설명한 것인데, 세종은 백성들이 이 책을 읽고 똑똑하고 지혜롭게 살아가길 바라고 있다.

한편, 세종은 아무도 모르게 새로운 글자인 '한글'을 만들고 있었다. 저녁마다 두 아들 진양대군과 안평대군을 불러 여러 글자를 소리 내어 읽게 한 다음, 입 모양을 자세히 관찰하면서 그림을 그린다.

1446년 세종은 대신들의 반대에도 불구하고, '백성을 가르치는 바른 소리'라는 뜻을 담은 '훈민정음'을 반포한다. 그리고 권제·안지·정인지 등의 집현전 학자들을 시켜 훈민정음으로 『용비어천가龍飛御天歌』라는 노래도 짓게 한다.[21]

❹ 통 큰 리더십

1418년 일본 쓰시마 섬에 흉년이 들자 왜구들은 수십 척의 배를 이끌고 우리나라를 약탈한다. 세종이 보위에 오른 지 채 1년이 안 된 1419년 5월, 부왕인 태종太宗은 "주인을 무는 개에게는 몽둥이가 약이다. 조말생의 계획에 따라 쓰시마 섬을 정벌하라!"라고 어명을 내린다.[22]

한편, 세종과 북방문제에 대해 뜻을 같이한 신하는 김종서·최윤덕이다. 세종은 '김종서'를 함길도 도절제사로 삼아 두만강 방면을,

'최윤덕'을 평안도 도절제사로 삼아 압록강 방면으로 각각 나아가게 한다.

1434년 김종서는 두만강 지역에서 여진족을 몰아낸다. 여진족들은 김종서를 '큰 호랑이'라고 부를 정도로 두려워한다.[23] 그리고 4군 6진을 설치하고, 압록강과 두만강을 경계로 한 우리나라의 국경이 완성 되는 등 축적된 국력을 바탕으로 국토를 확장한다.

그리고 세종은 "무거운 세금이 민심을 떠나게 만든다"라고 강조하고는 무려 10여 년 동안 17만 명의 의견을 들어 잘못된 세금제도를 바로잡아 무려 37~87%까지 세금을 내린다.[24]

재위기간 동안 통 큰 리더십을 발휘한 세종은 '우리의학 독립선언', '약값 내리기', '값싼 치료법 보급' 등 대중 의료보건체제를 세운다. 그리고 공법貢法 시행과 각종 제도를 정비하는 등 백성들을 우선시하는 정책을 추진한다.

❺ 세종에 대한 평가

성실함이란 인간이 갖는 가장 고상한 것이다.[25] 평소 성실함이 몸에 밴 세종은 처음과 끝이 한결같은 임금이다. 매일 아침 5시에 일어나 옷을 입고, 날이 밝으면 조회를 받는다. 조회가 끝나면 신하들과 정책토론을 한다.

그는 재위 32년 동안 자기 자신을 잊을 정도로 정사를 돌보고, 친화력으로 신하들을 예로써 대하고, 간언하는 말을 어김없이 경청하고, 이웃 나라를 믿음으로 교류한다.

세종은 신분에 얽매이지 않고, 능력 있는 인재를 과감하게 발탁해 적재적소에 직무를 부여한다. 우리 민족이 황금시대를 열수 있게 된 것도, 그의 용기 있는 행동과 통 큰 지도력 덕분이다.

강희제 황제 리더십

　미국의 제23대 대통령 벤저민 해리슨 6세Benjamin Harrison VI는 "위대한 사람은 죽지 않는다. 그 생명은 오래 지속된다"라고 설파한다.

　조선왕조를 빛낸 임금이 '세종대왕'이라면, 청나라를 빛낸 황제는 '강희제'이다. 1661년 1월 청나라의 제3대 황제 순치제가 병으로 사망하자, 제4대 황제 강희제(康熙帝 : 재위 : 1661~1722)가 보위에 오른다. 그는 중국 역사상 최초의 학자형 황제이자, 정치와 무공을 두루 겸비한 몇 안 되는 성군聖君이다.

　강희제는 순치제 황제와 효강장 황후 사이에 태어난다.[26] 그는 1661년 8세의 어린 나이에 보위에 올라, 14세 때인 1667년부터 직접 정사를 살피는 등 61년간 황제의 자리를 지키며 천하를 호령한다.

❶ 수신제가

　강유병거剛柔幷擧는 '강함과 유연함을 함께 사용한다'라는 뜻이다.

이것은 예부터 중국에서 내려오는 '마음을 다스리는 도道 가운데 가장 중심이 되는 사상'이다. 즉 '어떤 조직을 잘 이끌어 가기 위해서는 강유병거를 알고 실천하는 일'이 중요하다.

 강희제는 이 도리道理를 성공적으로 잘 운용한 황제로 몸소 수신제가에 힘쓴 사람이다. 그는 한 손에 『사서오경四書五經』을, 다른 한 손에는 수학과 외국어 서적을 들고 정사를 돌볼 정도로 학구열이 매우 높다.[27]

 그는 또 '장영'에게 『사서오경』을 배워 『통감通鑑』을 강녹하고, '고사기'에게는 서예와 시를 배운다. 그리고 학식이 깊은 관리들과 소통하면서 강의를 경청한다. 날마다 새벽에 일어나 경서를 낭독하고, 밤에는 강의 내용을 다시 복습하는 등 쉼 없이 학문에 정진한다.

 강희제는 학문뿐만 아니라 그림을 그리고, 시를 읊는 등 스스로 깨닫고 행동하는 등 끊임없이 인격을 수양한다. 그는 평소 '청렴'을 자신의 좌우명으로 삼았는데, 불필요한 대형 토목공사는 추진하지 않는다. 주로 민생안정에 큰 비중을 두고, 신하들의 건의도 긍정적으로 경청하고 수렴한다.

❷ 인재영입

"감[材]이 크면 쓰기가 어렵다. 즉 큰 인물은 그를 부릴 만한 인물이 없기 때문에 쓸모가 없다"라는 말이 있다. 그러나 강희제는 중요한 고비마다 뛰어난 혜안으로 우수한 인재를 과감하게 영입해 적절하게 부린다.

그는 "신하는 짐에게 인재를 천거할 수 있지만, 그 인재를 영입하고 버리는 것은 모두 짐의 뜻에 달려 있다"28)라고 강조한다. 자기 소신대로 인재를 직접 영입한 것은 신하의 직권 남용과 비리 등의 독점을 막기 위해서이다.

노자老子는 "절교絶交는 관용과 포용이다"라고 설파한다. 즉 강희제는 폐단의 싹이 트기 전에 미리 절교할 정도로 인적관리에도 치밀함을 보인다. 그리고 "측근들만 등용하고, 훌륭한 인재를 모함하면 나라는 망한다"라고 강조하면서 뛰어난 인재를 포용하고 발탁한다.

강희제는 또 "인재를 얻으면 나라가 평안하고, 인재를 잃으면 나라가 어지러워 진다"라고 설파한다. 우수한 성적으로 과거에 급제

했어도 도리를 모르는 인재는 아예 등용하지 않는다. 인적자산은 보이지 않는 무기라 할 수 있다.29) 그는 묻혀 있는 덕과 재능을 겸비한 인재를 널리 등용한다.

❸ 문화융성

강희 말년에 그는 저서를 편찬하는 일에 흥미를 보여 수많은 저서를 편찬한다. 그가 일생동안 직접 저술하거나 학자들을 불러 모아 편찬을 지휘한 책이 무려 60여 권에 이르는데, 대부분은 50세 이후에 완성된 것이다.30)

1678년(강희 17년)에는 '진정경', '왕사정' 등이 서적 편찬을 이어갔고, 곤산昆山 출신의 '서건학'이 남서방한림(황제에게 경서와 사서를 가르치고 자문하며, 황제의 밀지편찬과 서적편찬 등을 담당)이 된 후에도 내각학사를 발탁해『대청회전大淸會典』,『일통지一統志』편찬에 부감독으로 임명해,『고문연감古文淵鉴』을 편찬케 한다.

1716년에는 4만 2천 자의 한자가 수록된 42권의 한자대사전『강희자전康熙字典』이 완성된다. 이 책은 30명이 넘는 학자들이 5년 동안 연구한 결과물이다. 그리고 1717년에는 중국 전체를 담은 '황여

전람도'가 모습을 드러낸다.31) 또한 강희제의 『어제문집御製文集』은 총 176권으로 네 차례에 걸쳐 출판된다.

❹ 통 큰 리더십

리더자가 통치를 할 때는 백성들을 몰아세우지 말고, 뒤에서 따라가야 한다.32) 평소 왕도정치王道政治를 내세운 강희제는 백성들에게 땅을 나눠주고 볍씨를 개량하여 보급하면서, 만천하에 자신의 리더십을 발휘한다.

검소함이 몸에 밴 그는 황궁에서 쓰는 불필요한 지출을 아끼면서 민생에 치중한다. 또 호적부를 만들어 세금제도를 개혁하고, 재해가 발생하면 세금면제나 감면으로 백성들의 어려움을 덜어준다.33)

영웅이란 '자기가 할 수 있는 일을 하는 사람이다.'34) 강희제는 주변의 간신들을 과감하게 처단한다. 그리고 흐트러진 조정의 기강을 바로 세우는 등 강력한 리더십으로 나라를 굳건하게 경영한다.

강희제의 리더십에서 신하의 권력남용과 독점을 막으려 했던 그의 강한 의지력과 정치적 역량을 엿볼 수 있다. 특히 조정 대신들이 사사로이 무리를 지어 나라를 혼란에 빠뜨리게 하는 것도 철저하게 금지시킨다.

그는 신료들에게 "신하는 나라를 위해 멸사봉공滅私奉公해야 하오. 서로 무리를 짓고 알력다툼을 벌인다면, 황실과 나라가 어찌되겠소"[35]라고 하면서 엄히 경고한다. 강희제의 통 큰 리더십에서 그의 총명함과 영웅다운 위대함이 한층 돋보인다.

게다가 그는 덕德으로써 민심을 안정시키고, 국경도 튼튼하게 지킨다. 그리고 몽골 초원에 만리장성을 쌓고, 몽골 지도자와 접족하는 등 변방지역을 방어하는 계책도 철저하게 세운다.[36]

강희제는 가급적 무력 충돌을 자제하지만, 평소 전쟁에 대한 사전 준비는 철저히 한다. 또한 그는 모든 일을 대국적 차원에서 끝까지 견지하고 중국의 지배를 확고히 한다.

❺ 강희제에 대한 평가

강희제는 강력한 군사력이 뒷받침 돼야 백성들의 소중한 생명을 지키고, 전쟁에서 승리를 거둘 수 있다는 것도 잘 알고 있다. 즉 정치와 군사적 방법으로 대처하고 운용할 줄 아는 그는 가히 당대 최고의 리더자라 할 수 있다.

강희제에서 건륭제에 이르는 세월 동안 청나라는 외몽골 · 티베트 등을 차례로 정복하여 청나라의 영토에 편입시킨다. 그리고 남쪽으로는 타이완 · 베트남 · 미얀마까지 진출해 여러 민족을 아우르는 대청제국을 건설한다.[37]

그가 당대의 성군으로 칭송받는 데는 단순히 넓은 영토를 확보했기 때문만은 아니다. 그는 한족과 만주족을 공평하게 대하고, 거대한 제국을 성공적으로 통합시키고 통치하는 데 온 힘을 기울였기 때문이다.[38]

강희제는 계획이 웅대하면서 치밀하며 미래지향적이고, 장기적인 안목과 예리한 통찰력, 강한 의지력과 불타는 학구열, 당당하면서도 흔들림 없는 통 큰 리더십[39]은 당시 신하와 백성들의 이목을 끌기에 충분한 성군으로 평가받고 있다.

제6장

국가 · 지구의 미래

| 국가의 정책 현안

　정책政策은 '정부나 정치단체, 개인 등이 정치적인 목적을 실현하거나 사회적인 문제를 해결하기 위하여 취하는 방침이나 수단'을 뜻하고, 현안懸案은 '해결해야 할 문제로 남아 있는 일'을 의미한다.

　현재와 미래, 국가의 가장 시급한 정책 현안은 ① 인구 절벽, ② 기후 위기, ③ 환경재난, ④ 재활용 쓰레기 문제 등을 꼽을 수 있다. 기타 안보·외교·고용·사회·부동산 문제 등 시급하게 풀어가야 할 과제가 많지만, 우선순위를 정해놓고 하나하나 해결해 나아가야 할 것이다.

　최근 우리나라의 대도시도 농촌처럼 인구가 감소하고 있다. 일자리와 소비활동 등 경제기반이 비교적 안정적인 대도시도 저출산 문제 등으로 '인구 절벽'이 가속화되고 있다.

　'기후 위기'도 빠르게 진행되고 있다. 즉 대기오염에 의한 태양 복사 에너지 반사, 지나친 경작에 의한 삼림파괴, 도시의 열섬현상 등으로 극단적인 기상 이변이 발생하고 있다.

'환경재난'은 인류의 생존과 지구환경의 지속가능성을 위협하고 있다. 즉 환경은 우리의 건강 문제와 지구 온난화로 인한 재난, 신종 전염병의 급격한 증가를 모두 포함하고 있다.

'쓰레기 재활용'은 어제 오늘의 문제는 아니지만, 최근 배달음식과 온라인 쇼핑 등의 이용 증가로 집집마다 플라스틱, 페트 용기 등이 쌓여 생활환경의 문제로 지적받고 있다.

이러한 국가의 정책 현안은 대통령을 중심으로 각 부처의 장관, 정책실무자, 전문가들과 머리를 맞대고 조기에 해결 방안을 모색하고, 그에 따른 효율적인 대책을 수립해야 할 것이다.

인구 절벽

우리나라 인구 절벽의 문제는 해를 거듭할수록 농촌과 대도시 모두 심각한 상황이다. 현재 더 심각한 문제는 인구의 이동이다. 즉 인구가 농촌에서 도시로 이동하는 것을 '인구의 도시화 현상'이라고 한다.[1]

최근 들어 농촌과 지방의 인구가 점점 수도권 등의 대도시로 유입되고 있다. 그중에서도 15~24세의 청년인구가 교육 및 일자리, 문화 갈증 등을 목적으로 대도시로 몰려든다.

미국·영국·일본 등 선진국에서 볼 수 있듯이 저출산·고령화로 인하여 인구성장이 정체되거나 인구가 감소되면서, 외곽 개발 위주의 도시정책도 한계에 도달하고 있다.[2]

우리나라는 인구의 고령화, 지역 편재, 성비 불균형, 저출산 문제 등으로 인구가 급격하게 줄어들고 있다. 이제는 농촌과 도시에서도 적정한 정주인구·생산 가능 인구가 점점 감소하고 있어, '인구 절벽'이라는 용어를 사용하고 있다.

특히 가장 심각한 현상은 농촌의 청장년층 인구가 감소하면서 빈집이나 폐교廢校가 증가하고 있다. 그리고 대도시와 지방에 위치한 대학도 학령 인구(학령 아동의 총 인원수) 감소로 학과 통폐합 및 폐과가 속출하면서 문을 닫는 곳도 있다.

우리의 농촌은 갈수록 젊은 일손이 부족하다. MBC(2023)는 '한 농촌 경로당의 막내가 88세'라는 충격적인 내용을 보도한다. 뿐만 아니라 농촌은 교통・교육・문화시설의 부족으로 귀농했던 젊은 부부들이 다시 도시로 되돌아오고 있다.

고령화 사회의 분류에서 ① '고령화사회'는 65세 이상의 노년층 인구가 전체 인구의 7% 이상인 사회를, ② '고령사회'는 65세 이상의 노년층 인구가 전체 인구의 14% 이상인 사회를, ③ '초고령사회'는 65세 이상의 노년층 인구가 전체 인구의 20% 이상인 사회를 말한다.[3]

세계 인구는 2011년 70억 명에서 2023년에는 81억 명으로 크게 늘어났다. 지난 1974년에는 세계 인구가 40억 명에 불과했는데, 근 50년 여 만에 두 배로 증가한 셈이다. 중국(14억4천명), 인도(13억8천명), 인도네시아(2억7천명) 등 세계 인구는 기하급수적으로 증가하는 반면, 유독 우리나라의 인구는 '저출산 문제' 등으로 지속적으로 감소하고 있다.

우리나라 인구 절벽의 또 다른 원인은 청년층이 결혼을 뒤로 미루거나, 아예 혼인 자체를 기피하는 '독신인구'가 증가하는 경우, 이미 결혼한 부부도 아이를 낳으려 하지 않는 경우 그리고 불임 등을 들 수 있다.

선진국은 통상 '고령화사회'에서 '초고령사회'로 도달하는 데 약 100여 년이 걸리는 데 반해, 우리나라는 불과 30년도 채 안 되서 '초고령사회'에 도달할 정도로 고령화의 속도가 매우 빨라지고 있다.

한 나라의 인구수는 국가의 경쟁력과 지속가능성, 미래의 발전과 경제성장을 결정하는 중요한 요소가 된다. 또 '인구는 생산과 소비를 담당하는 원천적인 경제주체로서, 가계부문의 핵심 동력이자 정부와 기업부문을 뒷받침하는 중요한 자원이 된다.'[4]

지난 2021년에 태어난 우리나라의 신생아는 약 27만2천 명이다. 또한 여성 1명이 평생 출산할 것으로 예상되는 평균 자녀수 합계출산율은 2019년도의 0.92명⁵⁾에서, 2024년 현재는 0.65명으로 나타났다.⁶⁾ 만약 이런 추세로 인구수가 줄어들면, 40년 후에는 청소년 인구 구성비가 총 인구의 10% 수준으로 떨어지게 된다.

국가의 안정적인 인구유지의 합계출산율은 2.1명이다. OECD(경제개발협력기구) 회원국 중 합계출산율이 1명이 채 안 되는 국가는 우리가 유일하다. OECD의 평균 합계출산율 1.63명과 비교했을 때, '우리나라의 출산율 0.65명은 세계 꼴찌이다.'⁷⁾

과거 프랑스는 1995년에 합계출산율이 1.70명까지 떨어졌으나, 2012년에는 2.00명까지 회복하였다. 스웨덴도 1999년에 1.5명까지 낮아졌지만, 2012년에는 1.91명으로 증가했다.⁸⁾

CNN은 "한국의 낮은 출산율은 연금 시스템을 지원하는 노동인력의 부족이라는 문제로 이어질 수 있다"라고 지적하고 있다. 또 한국은 "가부장제하에서 여성에게 가사와 육아전담의 의무가 주어지는 상황도 인구증가를 가로막는 요인이다"라고 강조하고 있다.

특히 CNN은 한국의 ① 육아 가치의 저평가, ② 청교도적 접근, ③ 한부모 가정, ④ 동성부부, ⑤ 사실혼 관계 등 다양한 가정형태를 인정하지 않는 것도 인구감소의 원인으로 보고 있다.[9] 특히 기업이 '일·가정 양립 문화에 앞장서야' 하는데, 오히려 "승진하면 임신 말라"라고 하면서 엄포와 압박을 주고 있다.

 일정한 인구를 유지할 수 없으면 미래는 대량의 군대를 보유할 수도 없고, 또한 경기침체와 부동산 가격 하락 등 국가의 존속 자체도 어려워진다.[10] 따라서 인구 절벽은 국가의 정책 현안에서 가장 우선순위에 두고, 강력하게 추진해야 할 중요한 과제 중 하나이다.

 전술한 바와 같이 저출산 대책에 성공한 나라는 프랑스·스웨덴을 꼽을 수 있다. 그리고 연구결과 출산율이 높거나 이민을 많이 받는 국가는 인구가 증가하는 것으로 나타났다.[11]

 지금 넋 놓고 있을 때가 아니다. 인구 절벽에 대한 정확한 진단과 정밀한 대응을 세워, '저출산 문제'에 대해 새로운 차원에서 다각적으로 접근해야 할 것이다.

기후 위기

지구가 점점 뜨거워지고 있다. 최근 세계는 폭염과 한파 등 그 유례를 찾아보기 힘들 정도로 기후 위기의 영향을 손수 경험하고 있다. 특히 매년 여름이 되면 전 세계가 폭염에 시달린다. 또 지구 곳곳에서는 가뭄으로 농작물이 시들고(캐냐 커피 고사위기 등), 산불도 자주 발생한다.

이상 기온 현상도 매년 똑같은 지역에서 일어난다. 유럽은 폭염과 호우피해가 계속되고, 북극권의 기온도 조금씩 상승하고 있다. 또 인도는 폭염과 물 부족 현상이 이어지고,[12] 파키스탄은 지난 2022년 6월 평균 기온이 영상 48~50℃까지 상승했다.[13]

지구의 기록적인 기온 상승은 날씨의 메커니즘mechanism을 바꿔놓기 때문에 기상 이변을 일으킨다. 대표적인 예로 홍수, 태풍, 뇌우, 폭염, 감염병, 빙하 해빙뿐만 아니라 식량을 감소시킨다.[14]

기후 위기는 '기후'와 '위기'의 합성어이다. 현재 대기 중 온실가스 수치는 예측했던 것보다도 심각하게 나타나고 있다. 근래에는

'기후 변화'라는 용어대신 '기후 위기climate crisis'라는 표현을 쓰자는 주장[15]이 강력하게 제기되고 있다.

자연발생적으로 생긴 온실가스는 '복사열 에너지가 지구에서 우주공간으로 바로 방출되지 않도록 막는 역할을 한다.' 이러한 온실가스가 없으면, 지구의 평균 기온은 33℃ 정도 더 추워진다. 이는 현재의 지구에서 절대 경험할 수 없는 기후이다.[16]

지구의 평균 기온은 빙하기에서 간빙기 때까지 약 1만 년 동안 4℃ 상승한데 비해, 산업혁명 이후 100년 동안 1℃ 상승한 것이다. 자연적인 현상에서의 기후 변화보다 인간에 의한 기후 변화가 무려 25배나 빠르다.

2018년에 개최된 IPCC(기후 변화에 관한 정부 간 협의체) 제48차 총회에서는 기후 위기 파국을 막기 위해서 지구의 평균 기온 상승을 1.5℃ 이내로 제한해야 하며, 이를 위해 2050년까지 탄소중립에 도달해야 한다는 '특별보고서'를 채택하였다.[17]

2021년 8월 IPCC의 제6차 '기후 변화 평가보고서'에서는 지금 추세대로라면, 2021~2040년 사이 늦어도 2040년 즈음에 지구의 평

균 기온이 산업화 이전 대비 1.5℃를 상승할 것으로 전망하고 있다.[18]

산업화 이후, 현재 지구의 평균 온도는 약 1℃ 정도 상승했으니 이제 남은 온도는 겨우 0.5℃ 밖에 되지 않는다.[19] 즉 생물 생존의 최후의 방어선은 1.5℃를 잡고 있는데, 만약 평균 온도가 1.5℃를 넘어서면 지구가 위험해진다.

다비드 넬스(2022)는 "1995년 베를린에서 처음 UN 기후회의를 개최하였다. 현재 전 세계 온실가스 배출량은 50% 증가했고, 지금도 같은 수준이 유지되고 있다. 앞으로 이런 추세로 가면, 21세기 말 지구의 평균 기온은 최대 5℃ 상승할 것이다"라고 주장한다.

이제는 기후 위기로 인해 폭염은 더 극단적이고, 길게 발생할 것으로 예측된다. 지구의 평균 기온 상승으로 해수면이 1m 높아지면, 전 세계 1억 명의 사람들이 집을 잃게 되고,[20] 또 빙하가 모두 녹을 경우 해수면은 약 66m정도 상승하게 될 것이라는 연구결과도 있다.

'2030년에 우리나라 국토의 5%가 물에 잠긴다'라는 연구도 있다(동해 · 남해 · 서해, 강변 등). 그리고 해수면의 상승으로 인한 피해는 중국

·인도·방글라데시·인도네시아·베트남·필리핀·태국 등 전 세계 피해지의 70% 이상이 이 지역에서 발생할 것으로 예상하고 있다.[21]

다비드 넬스(2022)는 기후 위기의 원인을 ① 지구 온난화, ② 얇아지는 오존층, ③ 에어로졸, ④ 태양 활동, ⑤ 인간이 만든 온실효과와 온실가스, ⑥ 기온과 온실효과, ⑦ 이산화탄소 배출, ⑧ 메탄과 아산화질소 배출, ⑨ 인간의 개입 등을 열거하고 있다.

에어로졸aerosol은 대기 중에 부유 상태로 존재하는 액체·고체의 작은 입자(보통 0.001~1.0μm)를 말한다.[22] 에어로솔은 화선火田, 교농 등 인간의 활동으로 인해 생긴 것이다. 그러나 기후를 냉각시키는 효과도 있다.[23]

차우준(2019)은 지구가 더워지고 있는 이유를 ① 세계 인구의 증가. ② 인간 활동, ③ 온실가스 배출, ④ 극지의 해빙면적 감소, ⑤ 산림기후대의 변화, ⑥ 가축들이 배출하는 메탄가스 등을 꼽는다.

전술한 바와 같이 폭염·산불·홍수·태풍·가뭄 등등 심각한 이상기후로 인한 자연재해가 지구의 곳곳에서 발생하고 있다. 향후 몇 년 뒤가 아니라 지금 당장 행동에 착수해야 한다. 그 만큼 현재

상황이 정말로 위중하다.[24]

인간의 과다한 에너지 사용은 '이산화탄소 배출'를 증가시키는 원인이 된다. 미래의 큰 재앙을 막기 위해서는 ① 대중교통수단 이용, ② 카셰어링(car sharing: 같은 생활권의 주민이 시간단위로 차를 빌려 쓰는 것) 활용, ③ 전기자동차 등을 이용해야 한다.

그리고 ① 효율적인 에너지 사용, ② 신·재생 에너지의 사용, ③ 탄소배출량 감소와 폐기물 재활용, ④ 숲 가꾸기로 남아 있는 탄소를 상쇄시켜야 한다. 화석연료의 의존도가 높은 우리는 이러한 개념을 활용할 필요가 있다.

기후 위기 문제에 대응하기 위해서는 ① 기후 위기의 정확한 정보를 모아 분석하고, ② 기후 위기와 관련된 정보를 수집·분석하고, ③ 기후 위기 예측 모델과 대응 정책 등 기후 위기 현상을 정확하게 알고 행동해야 할 것이다.[25]

이제 기후 위기는 더 이상 공상과학의 시나리오가 아니다. 전 세계의 평균 기온이 상승하는 지구의 온난화 현상은 전 인류가 함께 해결해야 할 가장 시급한 과제이다.

환경재난

현대를 '환경의 시대'라고 부른다. 그만큼 환경은 우리의 커다란 관심사 중 하나가 되고 있다. 선진국은 물론이고 후진국에서도 환경의 중요성을 인식하고 보호에 힘쓰고 있지만, 아직도 큰 진전을 보지 못하고 있다.

환경재난은 우리 삶의 곳곳에서 나타나고 있으며, 인류의 생존과 지구환경의 지속가능성을 위협하고 있다. 즉 미세먼지로 인한 건강 문제와 지구 온난화로 인한 재난과 신종 전염병의 급격한 증가를 모두 포함하고 있다.[26]

또 인간에 의한 전쟁, 방사능 누출, 환경훼손 등이 전 지구의 생태계(ecosystem : 생물의 무리와 무기적 환경으로 성립되는 에너지 및 물질 시스템)를 위협하고 손상을 입힌다. 그리고 급격한 도시화 현상과 인류문명의 발달로 자원과 에너지가 점점 고갈되고 있다.

이러한 과정에서 순수 자연환경이 파괴되고, 환경오염 물질이 배출된다. 게다가 남북극의 빙하가 녹으면서 이산화탄소, 메탄 등 대

기의 온실가스 농도가 증가해 심각한 환경파괴 문제로 대두되고 있다.[27]

사실 이산화탄소는 온실가스이고 이것이 지구를 덥게 만든다. 화석연료는 연소될 때 산소가 필요하다. 그 연소의 결과 이산화탄소가 발생한다.[28] 즉 지구 온난화는 대부분 이산화탄소 증가 이후에 일어난 것으로 보고 있다.[29]

특히 관광은 '무공해 청정산업'이다. 건강하고 깨끗한 자연환경의 보전 없이는 결코 존립할 수 없는 산업이다. 이러한 환경재난과 자연 파괴는 인류의 생명과 관광산업 발전에도 커다란 장애요인이 된다.

관광은 오랫동안 환경가치에 어떠한 부정적 영향도 미치지 않는 맑고 깨끗한 청정산업clean industry으로 인식되어 왔다. 그러나 오늘날 대부분의 관계자들은 관광을 부정적 영향 및 문제점으로 인식한다.[30]

2009~2013년 전 세계 온실가스 배출량의 8%가 관광부문, 즉 항공여행으로 인해 발생했다. 관광은 기후 위기를 일으키는 원인이면

서 피해를 입은 분야이기도 하다. 즉 관광은 환경문제 원인의 제공자이자, 환경문제로 인한 피해자가 된다.

온난화 현상은 휴가 스타일과 장소에 따라 관광업계에 득이 되거나 실이 될 수도 있다. 만약 온난화현상이 심해지면 실외 동계스포츠, 얼음 및 눈 축제 등의 자연에서 즐기는 겨울 관광은 심각한 타격을 입을 수도 있다.[31]

우리는 필요한 산물을 자연으로부터 얻어야 한다. 더 이상 잘못된 행위로 인해 자연 및 생태계가 더 이상 피폐해지지 않도록 분별 있게 다가갈 필요가 있다.[32]

환경재난은 18세기 말 영국의 산업혁명으로 시작되어, 19세기 초에는 프랑스·미국·독일로, 19세기 말에는 러시아·일본으로, 20세기 중반 이후에 전 지구촌으로 확산되었다.[33]

환경재난의 유형은 ① 대기오염, ② 수질과 해양오염, ③ 토양오염, ④ 온실효과와 기후 위기, ⑤ 오존층 파괴, ⑥ 자원의 고갈, ⑦ 숲의 손실, ⑧ 종種의 다양성 감소, ⑨ 환경보존 문제 등을 들 수 있다.[34]

환경재난의 대응으로는 ① 에너지·자원절약의 실천, ② 환경친화적 상품으로 전환, ③ 나무 심기와 숲 가꾸기, ④ 폐기물 재활용 적극 실천 등을 들 수 있다.

환경재난의 특성은 ① 시작점이 어디인지 알 수 없는 '예측 불가능성', ② 자료·정책·과학적 인과관계를 알 수 없는 '불확실성', ③ 원상복구가 어려운 '회복 불가능성', ④ 여러 가지 원인이 복합적으로 작용된 '복잡성', ⑤ 오랫동안 반복되고 늘어난 '누적성' 등을 꼽을 수 있다.

따라서 미래는 지속가능한 발전, 즉 경제발전을 위해 환경을 개발하되 자연의 수용능력을 넘지 않는 범위 내에서 개발하는 '지속가능한 발전을 통한 환경보호'에 힘써야 할 것이다.

재활용 쓰레기

　지금 전 세계는 전례 없이 엄청난 쓰레기를 생산하고 있다. 인간이 쏘아 올린 인공위성 로켓의 잔해 등 지구 밖의 '달'에 쌓인 쓰레기까지 인류를 위협하고 있다.[35]

　플라스틱은 1960년대에 처음으로 사용하기 시작했으며, 일상생활에서 가장 편리하게 사용하는 용기容器이다. 하지만 플라스틱 소비는 부메랑이 되어 우리의 지구를 덮치고 있고, 환경적 대재앙을 초래하고 있다.[36]

　천사와 악마의 얼굴을 가진 플라스틱[37]은 인간에게 편리함·안전함·풍요로움을 주는 천사의 얼굴을, 환경오염·생태계를 훼손하는 악마의 얼굴을 하며, 이 순간에도 끊임없이 지구를 위협하면서 사용량을 증가시키고 있다.

　2019년 전 세계가 사용한 플라스틱 총량은 4억 6천만 톤에 달한다. 40년 전인 1980년보다는 무려 4~5배나 급증했다. 지금처럼 소비한다면 2060년 지구에서는 12억 3천만 톤의 플라스틱이 사용될

것으로 전망하고 있다.[38]

플라스틱 쓰레기는 바다 동물에게도 치명적이다. 매년 해양 동물 150만 종이 플라스틱을 삼켜 죽는다. 미래는 더 악화될 것으로 보고 있다.[39] 또 북극에 도달한 플라스틱은 환경은 물론, 그것을 먹는 동물과 그리고 그 동물을 먹는 인간까지 오염시킨다.[40]

우리나라에서 매년 바다에 버려지는 해양 폐기물은 무려 14만 5천 톤에 달한다. 이 중 9만 5천 톤이 육지에서 버려져 바다로 흘러드는데,[41] 이는 고스란히 바다 동물, 조류, 어패류, 어민들의 피해로 돌아가고 있다.

네덜란드의 환경단체 '오션클린업'이 북태평양의 플라스틱 고농도 밀집 해역을 분석한 결과를 발표했다. 2021년~2022년 이곳에서 100톤이 넘는 플라스틱을 수거했다. 이 중 6천여 개의 플라스틱을 골라서 쓰레기를 버린 나라를 추적했는데, 일본·중국·한국 순으로 나타났다.[42]

재활용 쓰레기recycling는 육지뿐만 아니라 해양과 심지어는 세계 최고봉인 에베레스트 산Mount Everest과 우리나라의 설악산국립공원 등에도 버려지고 있다. 그리고 우리의 생활공간인 아파트와 주택가 등에도 산더미처럼 수북이 쌓여 가고 있다.

 일반적으로 재활용 쓰레기의 가치가 낮아지면 스티로폼, 페트병 등 재활용 쓰레기를 처리해서 얻는 이익도 적어지게 된다. 그렇게 되면 재활용 업체들도 도산하거나 줄어들어, 결국에는 쓰레기 대란이 발생하게 된다.

 실비 드롤랑Sylvie Droulans은 "전 세계적으로 재활용되는 양은 플라스틱 재료의 15%, 아연의 20%, 구리의 15% 정도로 극히 적은 편이다"라고 강조한다.

 이제 쓰레기는 어제 오늘의 문제가 아니다. 코로나19 이후, 거리두기를 실천하면서부터 문제가 더 심각해졌다. 다양한 메뉴의 배달음식 증가와 온라인 쇼핑몰 이용 등 주문물량이 늘어나면서 쏟아지는 쓰레기는 천차만별이다.

 최근 온라인 소비증가는 각종 일회용 포장재 등 폐기물의 발생량을 증가시킨다. 온라인 거래는 증가액(약 2조 7천억 원)과 증가율(29.1%) 모두 가장 크게 늘어나 코로나19로 인한 비대면 소비가 크게 증가

한 것으로 볼 수 있다.[43]

환경문제는 지구 온난화 외에도 지나친 우리 인간의 행동 때문에 일어난다. 우리가 매일 사용하는 일회용품의 범람은 생태계의 치명적인 손상을 입히고, 새로운 전염병의 출현을 촉진한다. 하루라도 빨리 일회용품을 줄이고, 다회용품으로 전환해야 할 것이다.

이제는 주민들 스스로가 직접 '쓰레기 제로 실천'을 통해, '쓰레기 제로의 삶'을 살아가는 방법도 가장 이상적일 것이다. 즉 ① 상품을 구매할 때부터 쓰레기를 줄이는 방법, ② 과대포장을 근절하는 방법, ③ 물건을 적게 구입하는 방법, ④ 퇴비를 만들어 사용하는 방법, ⑤ 재사용하는 방법[44] 등을 들 수 있다.

플라스틱 사용을 줄이는 방법은 각자의 작은 노력으로도 충분히 해결할 수 있다. 예를 들면, ① 올바른 분리배출을 생활화하는 방법, ② 일회용품 사용을 자제하는 방법, ③ 텀블러·장바구니를 사용하는 방법, ④ 휴지 대신 손수건을 사용하는 방법, ⑤ 친환경적인 소재의 제품을 개발하는 방법 등 생활 속 작은 실천을 통해 성숙한 시민의식을 높이는 것도 효과적일 수도 있다.

쾌적한 공간에서 생활하고 싶은 것은 국민 누구나의 바람일 것이다. 그러기 위해선 국가행정의 실효성 있는 해결방안 모색과 성숙한 시민의식이 필요하다.

제7장

땅의 기운

땅과 사람의 성품

땅은 자연의 어머니로서 식물과 곡식 등 무수한 생명을 자라게 하는 거대한 자궁이며, 사람의 삶과 운명에도 큰 영향을 미친다.

영국의 의사·생리학자 윌리엄 하비William Harvey는 "땅과 자연은 신이 쓴 위대한 책이다"라고 역설한다. 사람은 누구나 땅의 기운과 성품을 배우고, 좋은 기운을 받고 살아야 한다. 현재 거주하고 있는 땅의 위치에 따라 사람의 성품이나 영업 신상, 국가경영에도 지대한 영향을 미친다.

인간의 운명은 자신의 손아귀에 있다.[1] 사람이 같은 날 태어나도 태어난 곳의 집터와 자연환경, 집안의 가문, 부모와 형제자매의 성격과 교육역량, 그리고 타고난 자신의 재능에 따라 가는 길이 다를 수 있다.

과거 유명 관광지로 손꼽았던 곳이, 지금은 관광객의 발길이 뚝 끊겨 주민들의 시름이 날로 깊어가고 있다. 이곳의 지세는 3면이 경사가 매우 가파른 바위산으로 에워싸여 있고, 주변은 큰물이 흐르고 있다.

또 다른 관광지는 호수가 마을 한가운데에 자리잡고 있으며, 이곳 역시 3면이 깎아지를 듯한 바위산으로 되어 있다. 대부분의 주민들은 호숫가에서 장사를 한다. 가옥도 산 바로 밑 좁은 골짜기에 터를 잡고 있는 데, 두 지역 모두 전체적으로 어둡고 싸늘한 음陰의 기운이 강한 곳이다.

이 지역의 주민들은 토착민을 중심으로 전입자, 상인 등으로 구성돼 있다. 주민 개개인을 만나보면 좋은 분들이 많다. 하지만 ① 주민 상호 간 화합이 잘 안 되고, ② 갈등과 법적 소송 등의 이해 충돌로 인해 마찰을 빚기도 한다.

필자가 분석한 이곳의 기운은 ① 대체로 망설임이 많고, ② 시기와 질투가 많아 추진하는 일 또한 쉽지 않은 형국이다.

마을에서는 옛 명성을 되살려 보려고 지역축제와 이벤트를 개최하고, 등산로와 둘레길 정비, 꽃밭과 조각공원 조성, 온천과 약수터, 체험상품 등을 개발하고 있지만, 여전히 큰 발전을 보지 못하고 있다.

그리고 섬 위에 개장한 모 리조트는 주변이 온통 물로 에워싸여 있다. 장마철에는 큰물이 흘러 습기가 많이 올라오고, 수시로 짙은 안개가 낀다. 이곳 역시 어둡고 싸늘한 음[陰]의 기운이 가장 강한 곳이라서 영업 신장이 쉽지 않다.

필자가 분석한 이곳의 기운은 ① 회사의 이미지 회복이 쉽지 않을 수도 있고, ② 손실이 발생할 수도 있고, ③ 자신들의 힘으로는 문제 해결이 어려울 수도 있다.

> 풍수에서 큰물[陰]은/ 멀리하라고 했느니라
> 바다 강 호수 시냇가/ 깊은 골 습한 곳은
> 음기가 서려 있는/ 곳이라
> 남자[陽氣]는 이런 곳/ 피하는 게 좋으리라.

「물 풍수」

최기종 제4시집 『상큼한 사랑』 중에서

회사는 많은 홍보와 다양한 이벤트 등을 개최해 분위기를 한껏 살려보지만, 기대 이상의 소득이 발생하지 않는다. 문제는 '좋은 기운이 모인 곳에서 영업을 해야 하는 데,' 어느 누구도 땅의 기운을 이해하지 못하고 있다.

땅과 자연은 긍정적이고 진취적인 사람에게만 생동감 있게 반응한다. 그래서 땅이 가진 기운이 중요하다. 즉 땅의 기운과 사람의 마음 씀씀이를 어떻게 하느냐에 따라서 땅의 기운도 유익하게, 때로는 해로운 것으로 만들 수 있다.

모든 에너지는 땅과 사람의 마음 씀씀이에서 나온다. 마을 주민들은 서로 마음을 열어 단합하고, 기업은 과감하게 경영을 쇄신하면서 지혜롭게 대처해 나가야 할 것이다.

대통령실 기운

우리나라의 풍수風水는 신라 말 고려 초 풍수지리설의 대가인 도선국사(道詵國師 : 827-898)에 기원을 두고, 고려시대 수도 개경의 궁궐터를 정하면서부터 발전한다.[2] 그는 당대 최고의 고승으로 추앙받던 승려로서, '어떠한 지형 하나만 보고도 앞으로 닥쳐올 길흉화복吉凶禍福을 예언하는 능력을 가지고 있었다'[3]라고 한다.

풍수지리는 크게 집과 건물의 터를 잡는 ① 양택풍수陽宅風水, 묏자리를 잡는 ② 음택풍수陰宅風水로 나눈다. 여기서 양택은 산사람, 음택은 죽은 사람의 안장지이다.[4]

이처럼 풍수는 집과 마을의 입지나 국가의 도읍지 선정에 영향을 끼쳤고, 토지 이용에도 중요한 역할을 하고 있다. 풍수의 의미는 일상적이고 평범한 생활환경을 대변해 준다. 여기서 ① 풍風은 기후와 풍토를 지칭하고, ② 수水는 물과 관계된 모든 것을 가리킨다.

사람의 몸속에 신경-피-경락이 흐르듯 땅도 살아서 기운이 흐르고 있는 것이다.[5] 즉 혈관을 통해 영양분이 운반되는 것처럼, 풍수에서도 땅속을 돌아다니는 생기生氣가 있다고 본다.

좋은 생기가 많이 모이는 곳이 명당이다. 산 모양과 기복, 바람과 물의 흐름으로 명당을 찾아 땅을 이용하는 것이 풍수의 기본 원리이다. 오늘날까지도 풍수의 영향은 곳곳에 남아 있으며, 그 원리에 따라 배산임수背山臨水 지역에 입지한 촌락을 쉽게 찾아볼 수 있다.

풍수는 자연과 인간의 교감이나 조화를 중시하는 생태학과도 연결되기 때문에, '자연에 강제성을 가해서는 안 된다.' 또한 풍수는 환경의 중요성을 깨우쳐 주는 역할도 하고 있어, '자연에 순종해야 한다.'

필자가 분석한 용산 대통령실 기운은 ① 예산 낭비와 옳지 못한 인간관계로 국가에 큰 손실이 발생할 수도 있고, ② 시련과 고난 등이 따를 수도 있고, ③ 의지와 상관없이 원하는 방향으로 쉽게 움직이지 못할 수도 있다.

프랑스의 작가·사상가 볼테르Voltaire는 "사람은 땅을 사용하고 유도하지만, 바꾸지는 못한다"라고 주장한다. 사람이 좋은 기운이 있는 곳에 살면 건강하고 복을 받지만, 땅의 기운이 막혀 있는 곳, 나

쁜 기운이 모인 곳, 기운이 흩어진 곳에 살면 어려움에 처할 수도 있다.[6]

 독일의 작가·철학자 괴테Goethe는 "땅은 끊임없이 우리와 말하지만, 그 비밀은 고백하지 않는다. 우리가 땅에 달려들어 일을 추진해도, 그것을 지배할 아무런 힘도 가지고 있지 않다"라고 역설한다.

 진실로 모든 일에 있어서 땅이 거들어 주지 않는다면, 사람이 영위하는 기술이나 기교는 조금도 진전을 보지 못한다.[7] 언제나 사람이 자신을 속이는 것이지 땅은 결코 사람을 속이지 않는다.

 독일의 철학자 니체Nietzsche도 "땅을 거스르는 것이 가장 무서운 일이다"라고 강조한다. 원래 땅은 말이 없는 생명의 샘이라서, 순리대로 진행되어야만 변고 없이 지낼 수 있다.

 이제라도 마음을 새롭게 가다듬고 땅을 잘 다스려야 할 것이다. 국가의 가장 중요한 핵심 시설인 대통령실은 적어도 100년을 내다보고 옮겨야 한다. 그러나 '땅의 기운'을 너무 성급하게 분석한 것 같아 아쉬운 마음이 든다.

청와대 기운

이탈리아의 시인 단테Dante는 "땅과 자연은 신의 예술이다"라고 강조한다. 땅은 사람에게 용기와 신비함을 불어넣어 주고, 생명의 에너지로 가득 차 있다. 그리고 땅과 자연의 모든 에너지는 그 힘을 올바르게 사용할 줄 아는 사람에게만 반응을 보인다는 것이다.

경복궁은 왕의 자리를 기준으로 동쪽에는 '건춘문建春門'을, 서쪽에는 '영추문迎秋門'을, 남쪽에는 '광화문光化門'을, 북쪽에는 '신무문神武門'을 세워 각각 그림을 그려 놓아 경복궁을 지키고 보호하는 수호신으로 삼는다.

그러나 청와대의 대문은 권위가 없어 보인다. 즉 청와대는 대통령의 집무실과 관저가 있는 곳이다(2022. 5월 일반인에 개방). 대문은 경복궁의 광화문처럼 권위적이고 크고 웅장하게 세워야 한다.

대문이란 '출입을 통제하는 물리적인 시설물로서의 기능을 갖지만, 영역의 위상과 성격을 표현하는 상징적인 시설물로서의 의미도 갖는다.'

청와대의 담벼락은 일부가 쇠창살로 되어 있다. 그래서 안에서 일어나고 있는 일을 밖에서도 훤히 들여다 볼 수 있다. 부연하면, 담벼락은 사람이 입고 있는 의복과도 같다. 옷을 입지 않으면 속살을 드러내야 하는 것처럼 말이다.

바로 앞 경복궁의 높은 담벼락과 비교해 봐도 허술하기 짝이 없다. 대통령이 머무는 공간을 허술한 대문과 쇠창살로 막아놓으면, 안에서는 좋은 기운이 새어 나오고, 밖에서는 나쁜 기운이 안으로 들어가게 된다.

김승호(2014)는 "우리나라의 근래 70년을 되돌아 볼 때 청와대 혹은 대통령은 편할 날이 없다"라고 하면서, "풍수에 신경 씀이 옳다"라고 역설한다. 이어서 그는 "왕궁(대통령궁)은 산 위에 짓는 것이 아니라 산을 등지고 평지에 지어야 한다. 전 세계의 모든 왕궁이 그렇게 되어 있다"[8]라고 주장하면서, 바로 앞 평지에 건축된 경복궁과 비교한다.

땅과 자연은 사람의 장점과 약점을 모두 알고 있다. 사람의 끊임없는 근심과 약점은 쉽게 고칠 수 없는 병이다.

청와대 뒷산에는 해발 342m의 백악산白嶽山이 있다. 산이 높으면 골이 깊다. 골이 깊으면 나무와 숲이 무성하고 물이 많아 습기가 올라온다. 이처럼 평지가 아닌 산 밑 언덕, 즉 음陰의 기운이 강한 곳에 대통령 집무실을 두는 것은 바람직하지 않다.

풍수에서 하늘과 태양은 '양陽'으로 구분하고, 지구와 물은 '음陰'으로 구분하다.[9] 공자孔子는 "물[水]의 기운에서는 언어장애가, 목木의 기운에서는 척추환자가 발생할 수도 있고, 언덕[丘]과 산山 밑에는 습기가 많아 종기가 생길 수도 있다"[10] 라고 주장한다.

필자가 분석한 청와대 기운은 ① 진행 중인 것도 논쟁으로 다투고, ② 사소한 일에도 말썽과 소동이 일어나고, ③ 공개적으로 대놓고 싸우는 형국이다. 그래서 청와대 근무자도 이 생각 저 생각으로 늘 고민이 많았을 것이다.

땅은 사람의 육신을 유지해 줄 뿐만 아니라 사람의 마음도 기쁘게 해준다. 따라서 지난 '70여 년간 청와대와 대통령에게 기쁜 날이 없었다면', 이제라도 풍수의 중요성을 다시 한 번 생각해 보면 어떨까?

역대 대통령의 업적과 호감도

양병무(2009)는 "정치란 사람과 사람 사이에서 일어난다. 한 사람, 두 사람이 모이면 관계가 형성되고, 이 모든 관계를 가장 좋은 방향으로 이끄는 것이 바로 정치이다"라고 피력한다.

리얼미터가 한국정책과학원 의뢰로 2021년 12월 전국 만 18세 이상 500명을 조사한(신뢰수준 95%, 표본오차 +-2.2%) 역대 대통령의 업적(%)을 보면 박정희 1위, 김대중 2위, 문재인 3위로 나타났다.[11]

그리고 역대 대통령의 호감도(%)를 보면 박정희 1위, 노무현 2위, 문재인 3위로 나타났다.[12] 역대 대통령의 업적과 호감도를 정리하면 〈표 7-1〉과 같다.

〈표 7-1〉 역대 대통령의 업적과 호감도(%)

대통령	이승만	박정희	전두환	노태우	김영삼	김대중	노무현	이명박	박근혜	문재인
업적	2.0	47.9	3.0	0.5	1.6	15.4	7.2	4.2	1.7	11.5
호감도	1.8	32.2	1.1	0.4	1.5	7.9	24.0	7.7	2.7	12.6

역대 대통령의 업적과 호감도는 설문조사 방법 등에 따라 다르게 나타날 수도 있다. 〈표 7-1〉에 나타난 바와 같이 대통령의 업적과

호감도만 놓고 보면, 성공한 대통령은 좀처럼 눈에 띄지 않는다.

역사는 돌고 돈다. 다가올 미래의 성공하는 대통령은 지나간 역대 대통령들의 업적과 발자취를 돌아보면서, 우리 국민들에게 꿈과 희망을 안겨주어야 할 것이다.

제8장

성공하는 대통령

| 대통령의 필수 덕목 17가지

미국의 경영학자・교육자 피터 드러커P.F. Drucker는 "리더십은 인간의 시야를 넓혀주고, 높은 업적을 달성케 하며 보통의 수준을 넘어선 인격을 도야시키는 데 있는 것이다"라고 주장한다.

성공의 비밀은 상대방을 험담하지 않고, 장점을 들추어 주는 데 있다. 또 자신이 뜻한 일에는 한눈팔지 않고, 묵묵히 일을 해 나간다. 이것은 평범한 이야기 같지만, 곧 성공이 튀어나오는 요술 주머니인 것이다.[1]

어떤 일을 막론하고 크고 중요한 일을 성공시키려면, 그만한 고통과 각오는 반드시 따르게 된다. 이 세상에 대가 없는 성공은 그 어디에도 없다.[2]

토마스 네프 외(2001)는 빌 게이츠Bill Gates, 젝 웰치Jack Welch 등 미국의 성공하는 리더의 10가지 덕목을,[3] 스티븐 코비Stephen R. Covey는 성공하는 리더의 8가지 덕목을,[4] 장기수 외(2021)는 성공하는 리더의 10가지 덕목을,[5] 최기종은 본서(2023)에서 대통령의 필수 덕목

17가지를 열거하고 있다.

학자들이 연구한 '리더의 덕목'과 필자가 연구한 '대통령의 필수 덕목 17가지'를 정리하면 〈표 8-1〉과 같다.

〈표 8-1〉 리더의 덕목과 대통령의 필수 덕목 17가지

학자명	리더의 덕목과 대통령의 필수 덕목 17가지
토마스 네프 외	열정, 지적 능력, 의사소통 능력, 왕성한 에너지, 겸손, 내적평안, 성장 배경 활용, 강한 가족 유대감, 긍정적 자세, 올바른 처리
스티븐 코비	지속적인 학습, 서비스 지향, 긍정적 에너지 발산, 타인 신뢰, 균형 잡힌 삶, 인생을 모험으로 여김, 시너지 활용, 자기 쇄신을 위한 노력
장기수 · 구인성	열정, 용기, 지적 능력, 커뮤니케이션, 왕성한 에너지, 자만심 경계, 내적 평화, 경험 활용, 긍정적인 태도, 올바른 처리
최기종	그릇이 크다, 독서를 한다, 지혜를 단련한다, 건강을 관리한다, 인재를 발굴한다, 약속을 지킨다, 감사할 줄 안다, 책임감이 강하다, 국민과 소통한다, 실수를 인정한다, 민생을 살핀다, 미래지향적이다, 믿음을 준다, 자신감이 넘친다, 결단력이 있다, 경험이 풍부하다, 외교력이 뛰어나다

그릇이 크다

　그릇이 큰 미래의 대통령은 오로지 자신을 위해서만 살지 않고, 국민들과 세상 모두를 위해 산다. 그러한 대통령은 마음속에 온 세상이 평화롭고 함께 번영하는 '대동大同 사상'과 모든 사람을 평등하게 사랑하는 '박애博愛 사상'[6]이 자리 잡고 있다.

　도가道家의 대표적인 인물인 장자莊子는 "사람은 먼저 자기 자신을 알고 철저히 분석해야만 다른 대상을 분석할 수 있다. 그 이유는 만물의 원리가 서로 같기 때문이다"라는 교훈을 던진다.[7] 즉 자신의 그릇을 먼저 알고 올바르게 다스려야 천하를 얻을 수 있다.

　'마음의 평온을 얻은 자는 남에게도 아무런 문제를 일으키지 않는다'라는 말도 있다. 행복과 불행은 모두 맘먹기에 달렸다. 우리가 매일 세안을 하듯 마음도 매일 갈고닦으면, 마음이 맑고 그릇이 커진다.

　그리고 독서와 서예, 그림과 공예품 감상, 여행과 등산 등을 통해 견문을 넓히고, 또 자주 휴식을 취하면서 기분전환을 하고, 숲길을 거닐면서 힐링을 하는 것도 마음의 그릇을 키우는데 도움이 된다.

홀랜드J.G.Holland는 "마음은 지성보다 지혜롭다"라고 설파한다. 마음은 감수성의 영역만이 아니라 내면생활의 큰 왕국이 된다. 날마다 학문 연마와 명상을 생활화하면, 마음을 크게 향상시킬 수 있다.

논어論語에도 "자신의 몸과 마음을 바르게 하면, 정치에 종사하는 데 무슨 힘든 일이 있겠는가, 자신의 몸도 마음도 제대로 닦지 못하면서 어떻게 백성을 바로 잡을 수 있겠는가?"[8]라는 말이 나온다.

흔히 사람의 마음을 '그릇의 크기'로 비유하기도 한다. 그릇의 크기는 마음에서 시작되고 생각에서 창조된다.[9] 자고로 자신의 마음을 스스로 조절할 수 있으면, 그릇이 크고 강한 사람이라 할 수 있다.

요堯 임금과 순舜 임금은 상고시대(BC 2196년 이전)의 대표적인 성군聖君으로 손꼽힌다. 나라의 중대한 일은 언제나 민주적인 사고방식에 따라 신하들에게 의견을 물어 결정하는 관용의 미덕을 보인다.[10]

중국 문화권에서는 '뛰어난 군주의 치세治世를 일컬어 요순시대'라 부른다. 요순시절의 태평성대는 중국 역사상 '다시 되돌아 갈 수 없는 좋은 옛 시절'을 나타내는 표현으로 자주 인용된다.[11]

요堯 임금은 자신의 아들을 제쳐놓고 현자賢者를 찾아내어 자리를 물려준다.[12] 즉 요堯 임금은 순舜 임금에게, 다시 순舜 임금은 우禹 임금에게 임금의 자리를 물려준다. 그러나 선양禪讓을 할 때는 엄격하고 공정한 절차를 거친다.

공자孔子는 제자들에게 다방면에 걸쳐 인격을 수양해야 한다고 가르치고,[13] 맹자孟子는 알묘조장揠苗助長이란 고사를 통해, '자기 수양은 내면에서 시작하여 순리대로 진행해야 한다'라고 가르친다.[14]

이처럼 선양을 받은 임금은 모두 관직에 종사하고, 수신제가를 한 뒤에 본연의 업무를 수행한다. 자기 스스로 깨닫고 심신을 갈고 닦으면, 나라를 부강하고 태평성대로 이끌 수 있다.[15]

한 나라의 왕이 되거나 대통령이 된다는 것이 얼마나 중요하고, 어려운 일인지를 알 수 있다. 따라서 그릇이 큰 미래의 대통령은 먼저 '수신제가修身齊家'를 실천한 뒤, '치국평천하治國平天下'를 한다.

독서를 한다

그리스의 철학자 소크라테스Socrates는 "남이 쓴 책을 읽는 데, 많은 시간을 보내라"라고 강조하면서, 그는 또 "남이 고생한 덕분에 자기 자신을 쉽게 개선할 수 있다"라고 역설한다.

사람이 성공할 수 있는 가장 큰 힘 중에 하나는 남과 다른 생각을 하는 데 있으며, 이러한 생각은 독서를 통해서 얻을 수 있다.[16] 즉 독서는 마음의 양식이며, 우리의 일상생활에서 많은 것을 해결해 준다.

송건호宋建鎬는 "독서란 자기의 직업과 관련이 있는 '전문서적'을 읽는 것이고, 그리고 지식인으로서 갖추어야 할 '교양서적'을 읽는 것이다"[17]라는 교훈을 남긴다. 그래서 독서를 하면 책 속에서 당대의 가장 훌륭한 성인이나 스승, 작가를 만날 수 있어서 좋다.

프랑스 근대철학의 아버지 데카르트R. Descartes는 "좋은 책을 읽는 것은 과거의 가장 뛰어난 사람들과 대화를 나누는 것과 같다"라고 피력한다.

영국의 정치인 베이컨F. Bacon은 "독서는 완성된 사람을 만들고, 담론談論은 재치 있게 대응하는 슬기 있는 사람을 만들고, 작문作文은 정확한 사람을 만든다"라고 주장한다. 즉 독서는 폭넓은 언어능력 발달과 세상과의 소통, 마음과 정서적 안정 등에 도움을 준다. 그리고 책은 최소의 비용을 지불하고, 단시간 내 최대의 효과를 거둘 수 있다.

필자는 대학시절 국어를 담당하는 C 교수의 집을 방문한 일이 있다. C 교수의 집은 2층으로 되어 있는데, 안으로 들어서는 순간 나는 깜짝 놀란다. 1층 계단 입구에서 2층 서재까지 양쪽으로 손때 묻은 책이 줄지어 진열돼 있다.

2층 서재에 올라가니 방안은 더 많은 책으로 가득하다. "와! 교수가 되려면, 이 정도의 책을 읽고 소장해야 하나 보다····." 책은 줄잡아 1만 여권은 있는 것 같다. 나는 C 교수 앞에서 말문이 막힌다. 차를 마시는 순간에도 묻는 질문에만 대답한다. 혹시 실언을 할까봐····. 나는 기어들어는 작은 목소리로 질문을 한다.

"저···, 교수님! 어떤 책을 읽어야 합니까?"
"음, 독서는 장르 불문 닥치는 대로 읽으면 되네····."

'책을 읽지 않는 사람을 경계하라'는 말이 생각난다. 책에 무관심한 나는 드디어 독서에 눈을 뜨기 시작한다. '쇠뿔도 단김에 빼라'는 속담처럼, 그 길로 서점에 가서 베스트셀러 작품을 모조리 구입해 닥치는 대로 읽는다.

나는 밤낮으로 눈을 밝히고 수필과 소설, 한국역사와 중국고전 등 다양한 장르의 책 속에서 길을 찾는다. 글은 읽으면 읽을수록 사리事理를 판단하는 마음과 눈이 생기는 법, 나는 '늦게 배운 도둑이 날 새는 줄 모른다'라는 말처럼, 책 속에서 진리를 터득한다.

공자의 정통유학을 계승·발전시킨 맹자孟子는 "길은 가까운데서 찾아야 한다. 그런데도 많은 사람이 먼데서 구한다"[18]라는 명언을 남긴다.

사람은 적절한 때 동기부여가 있어야 한다. 나는 C교수의 서재에서 내 자신에게 동기부여를 한다. 결국 내가 가야할 운명의 길을, 가까운 C교수로부터 찾아 지금까지 1만 여권의 책을 읽고, 40여 권의 저서를 발간한다. '독서량은 인생량이다.' 미래의 성공하는 대통령은 손에는 책을, 가슴에는 지혜를 품고 산다.

지혜를 단련한다

　지혜(智慧)란 '사물의 이치나 상황을 제대로 깨닫고, 그것에 현명하게 대처할 방도를 생각해 내는 정신의 능력'을 말한다. 유의어는 학문·지식·교육 등이 있다. 예로부터 '지혜로움'은 하나의 덕목으로 평가되고 있다. 동양에서 군자(君子)의 4덕목인 인(仁), 의(義), 예(禮), 지(智) 중에서 '지(智)'가 바로 '지혜로움'을 뜻한다.

　지혜는 변화를 의미하기도 한다. 변화는 좋은 것이며 계획을 완성시켜 준다.[19] 사람이 일을 할 때는 자신을 변화시켜 융통성을 발휘해야 성공할 수 있다.[20]

　윌러스 D. 워틀스(2020)는 "사람은 인생에 3가지 목표를 내걸고, 그것을 이루기 위해 최선을 다해야 한다"라고 강조한다. 즉 ① 지혜 단련하기, ② 건강한 몸만들기, ③ 마음 풍요롭게 하기를 열거하고 있다.

　소인(小人)의 작은 지혜는 군자(君子)의 큰 지혜에 미치지 못한다. '지혜를 단련하는 방법'은 지적인 대화를 나눌 수 있는 좋은 사람을 만나거나 독서와 관찰, 여행과 등산, 미술품과 공예품 등의 감상을 들 수 있다.

성경에 '지혜를 찾으면 얼마나 행복하랴! 슬기를 얻으면 얼마나 행복하랴! 지혜를 얻는 것이 은보다 값지고, 황금보다 유익하다'[21] 라는 말이 나온다. 이처럼 황금보다 유익한 지혜를 잡는 사람에겐 언제나 행운이 찾아올 것이다.

그리스의 철학자 헤라클레이토스Heraclitos는 "지혜를 갖는 것은 최대의 덕이다. 지혜는 사물의 본성에 따라서 이해하고, 진실을 말하고, 그리고 행하는 것이다"라고 설파한다. 지혜는 마시면 마실수록 끊임없이 솟아오른다.

지혜는 지식을 능가한다.[22] 지혜는 배우는 게 아니라 오로지 삶과 진리 속에서 찾아야 한다. 그리고 지혜는 날마다 쉼 없이 사용해야 한다. 그렇지 않으면 금방 녹슬어 못쓰게 된다.

지식은 다른 사람에게 얼마든지 가르쳐 줄 수 있고 전수할 수 있다. 그러나 지혜는 가르쳐 주거나 전수가 불가능하다. 즉 실력을 갖추는 것 못지않게 중요한 것은 바로 사람을 보는 혜안이나 영민한 지혜, 겸손한 마음을 갖는 것이다.

  지혜는 지식과 마찬가지로 매일 쓰면 쓸수록 무한정 발전해 나간다. 하나를 터득하면 반드시 다른 것도 깨닫게 되고 마음 또한 맑아진다. 지혜를 단련한 미래의 대통령은 분명 성공할 것이다.

건강을 관리한다

영국의 철학자·정치가 베이컨F. Bacon은 "건강한 몸은 정신의 사랑방이며, 병든 몸은 감옥이다"라는 의미심장한 말을 남긴다. 몸이 건강하면 진취적이고 긍정적인 사고를 한다. 그러나 몸이 건강하지 못하면, 부정적인 사고를 해 행복이나 만족감을 얻을 수 없게 된다.

예나 지금이나 아랫사람들은 술에 취해 비틀거리는 윗사람을 존경하지 않는다. 자기 윗사람은 어떤 경우에도 흐트러짐 없는 건강하고, 굳건한 사람이어야 따르고 싶어한다.[23]

스위스의 교육학자 페스탈로치Pestalozzi는 "건강한 몸을 가진 사람이 아니고는 조국에 충실한 사람이 되기 어렵다"라고 강조한다, 그것은 건강한 대통령, 건강한 국민, 건강한 친구, 건강한 이웃이 되기 어렵기 때문이다.

속담에도 '삼정승 부러워 말고 내 한 몸 튼튼히 가져라'라는 말이 나온다. 즉 '헛된 욕심을 버리고 자신의 건강에나 힘쓰라'라는 뜻으로 건강이 벼슬보다 우선임을 강조하고 있다.

이 세상에 신성한 것이 있다면 그것은 바로 인간의 몸이다.[24] 건전한 정신은 언제나 신성하고, 건전한 몸에 머물고 싶어 한다. 그래서 건강의 유지는 인간의 의무이자 인생이며, 최고의 행복이며, 제일의 부$_富$인 것이다.

세계보건기구WHO 헌장에는 건강을 "질병이나 허약한 상태뿐만 아니라 육체적·정신적·사회적인 완전한 안녕 상태를 말한다"라고 정의하고 있다.[25]

건강은 육체적으로 건강하고, 정신적으로나 사회적으로도 안녕 상태를 유지해야만 건강하다고 할 수 있다.[26] 건강한 체력과 정신은 떼려야 뗄 수 없는 불가분의 관계이다. 체력에서의 고상하고, 기품 있는 아름다움은 정신에서의 건전한 양식과 같은 것이다.

건강한 체력은 굳세고 건전한 정신을 만든다. 잠깐의 휴식은 긍정 에너지를 충전하는 소중한 시간이 된다.[27] 따라서 대통령의 건강은 우리나라 미래의 희망이자 비전이다. 이 세상에서 건강보다 더 나은 부$_富$는 없다.

인재를 발굴한다

'닭으로 하여금 밤을 지키게 하고, 고양이로 하여금 쥐를 잡게 한다'[28]라는 말은 '재능에 따라서 인재를 쓴다'라는 의미이다. '인재人才는 국가의 주석柱石이다. 그러므로 국가를 경영할 때는 인재를 얻는 것을 근본으로 삼아야 한다.'[29]

청나라의 제4대 황제 강희제康熙帝는 덕과 재능을 겸비한 인재를 영입한다. 모든 면에서 완벽한 인재를 구하는 것이 아니라 각각의 장점과 단점을 잘 파악해 적재적소에 배치하여 장점을 발휘할 수 있도록 조치한다.[30]

또 한때 백수건달로 허송세월하던 사람이 기회를 잡아 반란군의 수장이 되고,[31] 최종적으로 한漢 나라의 초대 황제가 된 고조 유방劉邦이 항우項羽를 멸망시킨 이유는 '천하의 걸출한 인재를 유용하게 활용'했기 때문이다.

요堯와 순舜 임금도 인재를 등용할 때는 지혜와 능력이 있는 자를 추천토록 하여 선발하는 민주적 방식을 취하고, 또 제왕의 자리도

민주적 협의에 의해 덕德 있는 자에게 넘겨준다는 '선양禪讓'의 방식을 취한다.[32] 나라의 운명은 대통령이 자신보다 우수한 인재, 자신에겐 없는 능력을 구비한 인재를 어떻게 잘 쓰느냐에 달렸다.[33]

삼국지에서 제갈량諸葛亮은 인재를 ① 심복, ② 이목, ③ 조아로 열거하고 있다. 첫째, 심복心腹은 믿을 수 있는 부하로서, 널리 학문에 능통하고 지능이 뛰어나야 한다. 둘째, 이목耳目은 눈과 귀가 될 만한 부하로서, 침착하고 냉정하며 입이 무거워야 한다. 셋째, 조아爪牙는 수족 같은 부하로서, 용맹하며 적을 두려워하지 않아야 한다. 어떤 조직을 장악하기 위해서는 이러한 세 가지 부류의 인재가 필요하다는 것이 제갈공명의 인재관이다.[34]

속담에 '개똥밭에 인물난다'라는 말이 나온다. 이는 '미천한 집안에서 훌륭한 사람이 나온다'라는 뜻이다. 신분보다는 재능과 능력을 우선시하는 세종대왕의 현명한 인재영입 방식이, 모든 분야에서 눈부신 발전을 이루게 된다.

미래의 성공하는 대통령은 학연이나 지연 등에 얽매이지 않고, 모여든 사람 중에서 쓸 만한 인재를 선별할 것이다.

약속을 지킨다

프랑스의 수필가 보브나르그M. Vauvenargues는 "함부로 약속을 하는 사람은 그 실행을 무시한다"라고 강조한다. 정치인들은 대개 선거에 출마할 때는 많은 공약을 쏟아낸다. 공약을 지키고 못 지키는 것은 나중 문제이다. 우선 당선이 목적이라 약속부터 하고 본다.

미국의 세계적인 심리학자·교수 폴 에크만Paul Ekman은 "사람은 8분마다 한 번씩 거짓말을 하며, 최소 200번 정도는 거짓말을 한다"라고 밝힌바 있다. 즉 거짓말을 밥 먹듯 자주하는 사람은 죄의식을 전혀 느끼지 못한다. 그러다 보니 약속을 대수롭지 않게 여기고 넘어간다.

생년월일을 분석해 정치인의 직업적성을 가진 사람들의 장단점을 분석해 보면, 그들은 대체로 ① 기반을 위한 일이라면 희생을 마다하지 않고, ② 명예 추구 등 목적에 대한 의식이 높고, ③ 사람들에게 좋은 인상을 보여주고 싶어 한다. 그러나 ① 자아가 강해 고집이 세고, ② 선거공약이나 약속을 잘 지키지 않는 경향이 있고, ③ 상대방의 말을 잘 경청하지 않는 편이라서, 종종 선거법 등을 어겨 중간에 직職을 잃는 사람도 있다.

나폴레옹 1세는 "약속을 지키는 최상의 방법은 결코 약속을 하지 않는 것이다"라고 강조한다. 즉 '약속은 그만큼 어렵다는 뜻으로써, 인간은 미래를 예측하기 어렵기 때문에 미래를 두고 함부로 맹세하지 말라'라는 뜻을 담고 있다.

속담에 '한 번 약속을 어기는 것보다 백번 거절해서 기분을 상하게 하는 편이 오히려 낫다'라는 말이 나온다. 약속은 함부로 해서도 안 되고, 쉽게 남발하거나 번복해서는 더욱 안 될 일이다.

고사성어에 '장부일언 천년불개丈夫一言千年不改'라는 말이 나온다. 즉 '장부의 한 마디는 천년을 변치 않는다'라는 뜻으로 '한 번한 약속은 천년을 지켜야 한다'라는 뜻이다.

그릇이 크고 강한 사람은 자기 스스로를 지배할 수 있는 사람을 말한다. 한 나라의 대통령이라면, 국민과의 약속을 철저하게 지키는 책임감이 강한 사람이어야 한다. 그래야 국민들로부터 신뢰를 얻게 되어, 결국 성공하는 대통령이 될 것이다.

감사할 줄 안다

게리바이너척(2021)은 "긍정적인 감정이 부정적인 감정보다 더 강하고, 오래가는 연료를 제공한다. 즉 감사함에서 얻은 에너지는 불안감이나 분노, 실망에서 오는 에너지보다 강력하고 더 오래 지속된다"라고 설파한다.

그는 또 "분노는 지니고 다니기에는 무거운 짐이지만, 감사함은 의외로 가볍다"라고 재차 강조한다. '긍정적인 사람은 감사할 줄 안다. 감사할 게 많으면 인생이 풍요롭고 행복하다.'[35]

윌러스 D. 워틀스도 "감사하는 마음을 가지면 많은 것을 얻게 되고, 창조적인 사고에 가까이 다가가서 경쟁심 같은 것을 전혀 품지 않게 된다"라고 강조한다.[36]

'감사는 위대한 교양의 결실이다.' 이처럼 확신과 믿음, 큰 힘은 모두 감사의 마음에서 우러나온다. 평소 감사함이 몸과 마음 속 깊숙이 배고 일상에 뿌리를 내리면, 국정을 운영하면서 겪게 되는 여러 가지의 어려움과 난관을 좀 더 지혜롭게 극복할 수 있을 것이다.

대통령은 국민의 소리, 즉 여론에 대해 침묵하면 추진하고자 하는 일 또한 잘 풀리지 않게 된다. 즉 지난 일이나 진부한 것에 만 매달려 앞으로 나아가지 못하면, 자신도 결국 지난 정권과 똑같은 전철을 밟게 된다.

　국가의 근본은 국민이다. 대통령은 국민들로부터 지지를 얻어서 당선된 사람이다. 사사로운 원한으로 국가를 경영해서는 안 된다. 임기 내내 감사한 마음을 품고, 직무를 수행하고, 늘 초심을 잃지 않는 자세로 국민을 섬기고 보살펴야 한다.

　온 국민이 힘들 때 대통령이 국민들에게 '따듯한 위로와 격려의 말씀'을 덧붙여 주면 좋을 것이다. "과도한 감사만큼 지나친 아름다움은 없다"[37]라는 말처럼 감사는 조금 지나쳐도 좋다. 감사는 많이 하면 할수록 감사할 일이 자주 생긴다.

　미래의 성공하는 대통령은 국민들에게 호감을 주는 마음을 가져야 할 것이다. 즉 자신을 매력적으로 보이도록 노력하고, 언제든 "감사합니다"라고 말할 수 있는 여유와 마음을 항상 준비해 두어야 한다.[38]

책임감이 강하다

독일의 작가 · 철학자 괴테Goethe는 "각자가 자기 집 문 앞을 쓸어라. 그러면 온 거리가 청결해진다. 각자가 자기가 맡은 과제를 완수하라. 그러면 사회는 할 일이 없어진다"라고 설파한다.

책임감은 한 나라의 대통령에게 있어서 가장 숭고한 것이다. 대통령은 매사에 책임을 다하는 자세와 넓은 마음을 가지고 국정을 운영해야 한다. 책임을 뒤로 미루거나 회피하면 절대로 성공하지 못한다.

비록 책임감이 마음을 괴롭힐지는 몰라도, 오히려 그 마음이 좋은 일을 불러 모을 수도 있다. 대통령이 국민들을 위해 책임감 있게 행동을 한다면, 국민들로부터 무한 신뢰와 지지를 얻게 될 것이다.

'책임이 찾아와 문을 두드리면 문을 열고 기꺼이 맞이하라. 그렇지 않으면 또다시 찾아올 것이다.'[39] 한 나라의 대통령이라면 책임을 가볍게 여겨서는 안 된다. 책임은 항상 사람을 졸졸 따라다니며 괴롭힌다.

사람은 책임을 다하고 최선의 노력을 다한 끝에만 행복한 삶이 깃들고, 편안한 휴식이 찾아온다.[40] 대통령의 첫걸음은 자기가 맡은 책임을 지키겠다는 각오로 근면·성실하게 국정업무에 임해야 한다.

책임감이 강하고 자신의 마음을 알고 있다는 것은 훌륭한 대통령이라 할 수 있다. 즉 '자신의 마음을 스스로 조절할 수 있는 강한 사람',[41] 그릇이 크고 책임감이 강한 대통령은 한 나라의 최고 지도자로서 인격을 갖춘 것이다.

미국의 제35대 대통령 케네디 J.F. Kennedy는 "나는 책임을 지고 모든 일을 행하며, 잘 수행하지 못했을 때에는 스스로 그 책임을 인수할 대통령이 되고자 한다"[42]라고 강조한다.

속담에 '김 씨가 먹고 이 씨가 취한다'라는 말이 나온다. 즉 '무슨 일을 했을 때 좋지 않은 결과에 대해서는 남에게 책임을 지운다'라는 뜻이다. '책임은 집단적이고 고통은 개인적인 것'이라서, 책임을 지는 사람이 없으면 국민 모두가 큰 피해를 입게 된다. '책임'이라는 짐을 대통령 스스로가 등에 걸머지면, 결코 무겁지 않을 것이다.

국민과 소통한다

소통communication이란 '사물이 막힘없이 잘 통함,' 또는 '서로 잘 통하다'라는 뜻이다. 즉 소통은 '뜻이 서로 잘 통해서 오해가 없는 것'을 의미하기도 하고, '어떤 것이 막히지 않고 잘 통하는 것'을 뜻하기도 한다.

소통은 ① 경청과 공감, ② 배려와 존중, ③ 팀워크teamwork의 3박자가 잘 맞아야 한다. 세종대왕은 '마음'을 통하고, '말'을 통하고, '일'을 통하는 '3통通'으로 소통을 한다. 특히 경연을 통해 일을 엮어가는 일머리가 뛰어난 성군이다.[43]

영어에서의 커뮤니케이션communication은 '인간이 생존과 바람직한 사회생활을 영위하기 위해 외부적으로 나타내는 의사표시'[44]라는 의미이다. 또한 커뮤니케이션은 '일정한 뜻의 내용을 언어와 그 밖의 시각과 청각에 호소하는 각종의 몸짓 · 소리 · 문자 · 기호 등을 매개로 하여 전달하는 일'로 정의하고 있다.[45]

소통의 주된 목적은 무엇을 배우거나, 가르치거나, 즐기는 것이다. 어떻게 보면 행복한 부부 생활도 '인생의 긴 소통이자 대화'라 할 수 있다. 그런데, 과거 우리의 대통령들은 선거에서 당선된 후, 임기 내내 국민들과 잘 소통하지 않은 것 같다. 소수의 비선실세들끼리만 모여 소통하고, 국민의 소리는 외면한 채 귀를 막곤 했다.

미국의 시인 롱펠로H.W. Longfellow는 "현명한 사람과 책상을 마주보고 하는 일대일의 대화는 10년 간에 걸친 독서보다 낫다"라고 설파한다. 즉 소통은 상호의 이해를 깊게 만들어 준다. 말하는 것은 지식의 영역이지만, 경청하는 것은 지혜의 특권이다.

국민들과 소통을 잘할 미래의 대통령은 경청도 잘할 것이다. '소통은 국민들의 말을 듣기만 하는 것이 아니라 국민들이 전달하고자 하는 말의 내용, 그 내면의 동기나 정서에 귀기울여 듣고, 이해된 바를 국민들에게 피드백feedback 해주는 것을 말한다.'[46]

국민들의 직언을 듣는 것은 성공의 조짐 또는 실패의 조짐이 될 수도 있다. 대통령은 국민이나 '주위 사람들로부터 직언을 들었을 땐, 화내지 말고 귀를 기울일 정도의 '큰 그릇'을 가져야 한다.'[47] 그러면 막힌 것도 탁 트이고, 가려진 장막이 말끔히 걷히어 군신君臣 간의 정이 잘 통하게 될 것이다.

실수를 인정한다

미래의 성공하는 대통령은 먼저 국민들에게 손을 내밀 줄 아는 책임감이 강하고, 그릇이 큰 사람이다. 만약 자신이 옳다는 주장만 내세우면, 실수와 실언은 금세 밝혀진다.

흔히 실수를 '발견의 시작'이라고도 한다. 즉 책임감이 강하고 그릇이 큰 사람은 실수하지 않는 사람이 아니라 자신이 저지른 실수보다 '더 큰일을 하는 사람'이다.[48]

미래의 성공하는 대통령은 자신의 실수나 과오를 인정할 줄 알고, 실수로부터 교훈을 배우는 사람이다. 또한 감정적으로든 물질적으로든 국민들에게 실망감과 피해를 주지 않으려고 피나는 노력을 경주한다.

사람은 누구나 실수하고 다치면서 성장한다.[49] 사람이 한 번 넘어졌다고 해서 인생이 모두 실패한 것은 아니다. '담대하고 성숙하게 패배의 교훈을 되씹고, 새로운 기회를 찾아 도전해 보는'[50] 강한 용기가 필요하다.

자신의 실수를 인정하고, 국민들의 충고를 겸허하게 받아들이고, 깊이 생각한 뒤에 행동하고, 사과를 하는 것은 대통령이 갚아야 할 괴로운 빚이다. 그 빚은 대통령이 실천으로 옮길 때 비로소 깔끔하게 변제되는 것이다.

  사실 구차한 변명은 실수보다 더 나쁘다. 삼성그룹의 이건희 회장은 '실패하고 나서 변명을 늘어놓는 사람을 옳지 못한 직원으로 꼽았다'[51)]라고 한다.

  어록에 '변명은 항상 그 변명 때문에 또 하나의 다른 실수를 범한다'라는 말도 있다. 즉 '한 가지 과실을 범한 사람이 또 하나의 거짓말을 하게 되는 것은 그 때문이다'.

  속담에 '비는 데는 무쇠도 녹인다'라는 말이 나온다. 즉 '잘못을 뉘우치고 빌면, 아무리 완고한 사람도 용서해 준다'라는 뜻이다. 이런저런 구실을 대며 요란을 피우면, 문제만 더 키우게 된다.

  국민들의 눈은 끊임없이 대통령에게 쏠려 있어, 아무리 작은 실수도 놓치지 않는다. 미래의 성공하는 대통령은 실수를 인정하고, 사과할 줄 아는 '그릇이 큰 사람'이다.

민생을 살핀다

민생民生이란 '일반 국민의 생활이나 생계'를 뜻한다. 여기서 생활生活은 '생명이 있는 동안 살아서 경험하고 활동하거나 삶을 영위한다'라는 뜻이고, 생계生計는 '살아갈 방도나 형편'을 의미한다.

매번 선거철만 다가오면, 대통령·국회의원 등 각 정당의 후보들은 "민생의 안정이야말로 국력의 근본이다"라고 이구동성으로 외친다. 그러나 그 말은 그때뿐이다.

대통령이 국민들을 돌볼 때는 마치 꿀벌이 벌집을 돌보듯 정성껏 보살펴야 한다. 대통령은 국민들이 있어야 존재하는 것이다. 나라에 국민들이 없으면 대통령도 필요 없다. '뱃사공이 공동체의 일원인 것처럼 국민들 또한 그와 흡사한 존재'[52]라고 할 수 있다.

인간은 자유로운 존재로서 국민들의 자유도 국가의 강대함에 비례한다.[53] 즉 대통령이 통치를 잘하면, 그만큼 국민들의 자유도 갑절로 늘어나게 마련이다. 자유가 늘어난 만큼 행복지수 또한 높아질 것이다.

천명天命은 지혜로 구할 수 없고, 민심 또한 무력으로 얻을 수 없는 것이다. 대통령의 지지율이 높고 낮은 것은 민심을 많이 얻었느냐, 아니면 얻지 못했느냐에 달렸다.

미국 제16대 대통령 링컨A. Lincoln은 대통령 취임식 연설에서 "국가는 거기에 거주하는 국민들의 것이다. 국민들이 정부에 염증을 느끼게 되면, 그들은 언제든지 그것을 개선할 헌법에 보장된 권리를 행사하거나, 전복시킬 수 있는 혁명권을 행사할 수 있다"[54]라고 연설한다.

미래의 성공하는 대통령은 국민들 위에 군림하지 않고, 덕치德治와 법치法治로써 백성들이 편안하고 즐겁게 살아갈 수 있도록 하는 사람이다.[55] 국가 존립의 기초는 우선 민생을 안정시키고, 도덕의식을 높이는 것이다.[56]

나라의 으뜸은 국토와 국민들이다. 국민들에게 꿈과 희망을 안겨주고, 국민들을 낮은 자세로 섬기고, 국토를 굳건히 지키고, 민생을 챙기는 미래의 성공하는 대통령은 국민들의 큰 희망이자 나라의 롤 모델role model이 될 것이다.

미래지향적이다

영국의 시인 포프A. Pope는 "인간은 행복하지 않다. 그러나 항상 미래에 행복을 기대하는 존재이다. 혼은 고향을 떠나 불안에 떨고, 미래의 생활에 생각을 달리며 쉬는 것이다"57)라고 설파한다.

정치의 최고 이상은 백성들이 자유롭게 살아갈 수 있게 하는 데 있다.58) 즉 인간의 행복은 자유와 미래에 대한 희망을 갖는 것이다. 그리고 희망은 미래의 영원한 기쁨이며, 사람들이 소유하고 있는 값진 보석과 같다.

독일의 종교개혁가 루터M. Luther는 "희망은 강한 용기이며, 새로운 의지이다"라고 강조한다. 즉 희망이란 것은 새로운 미래에 대하여 좋은 결과를 기대하거나 좋은 일이 이루어지기를 소망하고 의지하는 것이다.

미래지향적이란 말은 '앞으로의 삶에 대한 긍정적인 태도를 지닌 것'을 의미한다. 대통령은 고루한 과거지향적인 사고를 버리고, 미래를 위해 손을 써야 한다.

미국의 시인 롱펠로H.W. Longfellow는 "쓸쓸한 듯이 과거를 돌아보지 말라. 그것은 두 번 다시 돌아오지 않는다. 현재를 개선하고, 그림자 같은 미래를 겁내지 말고, 용기를 갖고 나아가라"[59]라고 강조한다. 즉 지난 과거나 낡은 것에 매달리면 도태된다.

미래는 이미 시작된 것이나 진배없다. 미래의 물결은 매일 매일 어김없이 우리의 곁으로 다가온다. 인간은 소리 없이 밀려오는 미래의 시간을 막아낼 능력도 없다. 지난 과거에만 머물러 있으면, 앞으로 도약하지 못한다.

우리는 미래에 대해서 관심을 가져야 한다. 한 나라의 미래는 노력 없이 거저 얻어지는 게 아니다. 대통령과 국민들이 하나가 되어 만들어 가야 한다.

미래는 가장 큰 비밀에 속한다. 미래는 반드시 좋은 일만 일어나는 게 아니다. 과거와는 전혀 다른 일도 일어나고, 행복한 일도 일어난다. 다가올 미래를 알려면 가까운 오늘부터 알아야 한다.

믿음을 심어준다

믿음이란 '믿는 마음. 또는 그렇다고 여기는 바'를 의미한다. 한자에서 '믿을 신信'자는 '사람 인人'과 '말씀 언言'자를 합쳐 만든 글자이다. 즉 人+言이 합쳐져 '信'자가 만들어진 것이다. 유의어는 진실·의리 등이 있다.

국민들에게 믿음을 심어주려면, 우선 대통령이 자기 자신에 대한 믿음과 국가경영을 성공적으로 운영하겠다는 생각과 용기, 확신이 있어야 한다. 그래야 나라 안팎에서 일어나는 수많은 난관을 지혜롭게 헤쳐나갈 수 있게 된다.

국가경영이 대통령 자신이 의도하고 생각한 대로 잘 풀리지 않을 때는 초조해 하면 안 된다. 그때는 한 발짝 뒤로 물러서서 국민 또는 제삼자의 입장에서 바라보고 관찰할 필요가 있다.

성경에 "하느님께서는 믿는 사람이면, 누구나 아무런 차별도 없이 당신과의 올바른 관계에 놓아 주십니다. 그것은 예수 그리스도를 믿음으로써 이루어지는 것입니다"[60]라는 말이 나온다.

국민들이 대통령을 믿는 것도, 믿지 않는 것도 둘 다 어려운 일이다. 그러나 국민들은 대통령을 의심하는 것보다, 또 대통령이 국민들을 의심하는 것보다 차라리 믿는 것이 훨씬 더 쉽다.

이 세상에 믿음만큼 아름다운 것도 드물다. 그러나 잘못된 믿음과 옳지 못한 인간관계, 나쁜 고정관념과 집착, 편견 등에 얽매이면 올바른 판단을 내리지 못한다. 믿음의 힘은 생각보다 오래 지속된다.

믿음과 진실은 늘 우리와 가장 가까운 곳에 머문다. 다만 대통령이 그것에 관심이 없거나 주의하지 않았을 뿐이다. 대통령은 국민들에게 줄 믿음을 찾아야 한다. 국민들은 믿음을 주는 미래의 대통령을 기다리고 있다.

믿음은 사거나 팔지는 못하지만, 대통령은 우리 국민들에게 얼마든지 줄 수 있다. 믿음은 원래 엄하지 않고 온화하며, 물처럼 맑고 부드럽다. 미래의 성공하는 대통령은 잘못된 믿음에서 벗어나 국민들에게 진실 된 믿음을 심어주는 사람이다.

자신감이 넘친다

자신감自信感은 '어떤 일을 스스로의 능력으로 충분히 감당할 수 있다고 믿는 마음', '어떤 일을 할 수 있다는 것을 확신하게 만드는 것'을 말한다. 유의어는 실력·능력·자아 등이 있다.

대통령이 갖는 자신감은 국민들에게 용기를 주고, 자기 자신의 한계를 슬기롭게 극복하는 데 도움을 준다. 또한 국민들에게 희망과 다양한 기회를 제공하고, 국정의 최종 목표를 향해 도전할 수 있는 강한 힘을 부여한다.

이러한 자신감은 대통령 자신의 능력과 역량에 대한 믿고 의지할 수 있는 신뢰로써 국정업무를 추진하는 데 확신을 주고, 국민들에게 희망과 신뢰, 안정감을 심어주게 된다.

미래의 성공하는 대통령은 거센 폭풍을 만나도 무모하게 몸을 던지지 않는다. 그렇다고 절망하거나 자신감을 잃지도 않는다. 항상 자신감과 확고한 신념을 가지고, 최후의 순간까지 국민들을 위해 안전하게 길을 열어 보호하는 데 최선의 노력을 경주할 것이다.

성공적인 국정운영의 비결은 자신감이다. 자신감은 지혜보다도 늘 승리의 편이 되어 준다. 자신감을 가진 미래의 대통령은 어려운 난국을 스스로 수습할 수 있고, 국민들을 앞장서서 인도할 수 있다.

속담에 '자신감은 성공의 으뜸가는 비결이다'라는 말이 나온다. 그러나 '자신감이 지나친 법관은 판결을 오판할 수도 있고, 교육자는 교육의 역효과를 자초할 수도 있고, 기업가는 개인의 이익에 집중할 수 있을지도 모른다'라는 말도 있다.

계영배戒盈杯는 '술을 넘치게 따르면, 술잔 옆에 난 구멍으로 술이 새도록 만든 잔'을 말한다. '곧 과음을 경계하려고 만든 잔으로 일명 절주배節酒杯'라고도 한다. 또 '인간의 끝없는 욕심을 경계해야 한다'라는 상징적인 의미도 담겨 있다.

미래의 성공하는 대통령은 적당할 때 멈출 줄 아는 '계영배의 잔'처럼, 지나친 자신감도 모자람도 없는 강약을 잘 조절하는 그릇이 큰 훌륭한 사람이다.

결단력이 있다

대통령 자신의 내면에 강렬한 책임의식이 있으면, 국민들이나 사물을 대하는 자세가 능동적으로 바뀌면서 스스로 움직이려는 마음이 생긴다. '결단력'도 선천적으로 가지고 태어난다. 생년월일을 분석해 보면 '결단력이 있는 사람', '우유부단한 사람' 등 타고난 성격을 알 수 있다.

결단력을 키우려면 '오랫동안 독서를 하고', '다양한 경험과 여행의 힘'으로 내공을 축적해야 한다. 그렇지 않으면 남의 손에 이끌려 결정을 당하게 된다. 스스로 내린 결단이 쌓으면, 언젠가는 일관된 결단 감각을 키울 수 있다.

'결단의 힘'을 강조한 고도토키오(2022)는 결단의 힘을 "혼자서 결정을 내리는 힘"이라고 하면서, 그는 또 "인생의 핸들을 직접 쥐고 삶을 제어하며, 자기주도 방식으로 살아가는 힘을 자기주도권"이라고 하였다.

즉 자기주도권은 성공과도 직결되는 것으로서, '인생을 살면서 부덮치는 온갖 상황에서 자신의 머리로 결정하는 힘'을 의미한다.[61] 부연하면 자기주도 방식은 '내 삶을 존중하고, 내 스스로 의사결정을 내리는 힘'을 말한다. 그러나 자기주도권을 쥐지 못하면, 인생을 수동적으로 살아가게 된다.

로마의 황제 시저Caesar는 "주사위는 던져졌다"라고 외친다. 이 말은 시저가 로마로 진격할 때 한 말이다. 즉 '이제는 뒤로 물러설 수 없다'라는 뜻이다.

한 번 내린 결단을 중간에 번복하면, 국가는 혼란에 빠지게 된다. 프랑스 근대철학의 아버지 데카르트R. Descartes는 "결단을 번복하거나 내리지 않는 것이야말로 최대의 해악이 된다"라고 강조한다.

대통령의 중대한 임무는 먼 곳에서 찾는 것이 아니다. 그것은 곁에 있는 것을 찾아서 실행하고, 현명하게 결단을 내리는 것이다. 결단력은 날마다 끈으로 꽉 조이고 잡아매야 변하지 않는다.

결국 미래의 성공하는 대통령은 자기 자신이 누구인지를 제대로 알고 있는 사람이다. 즉 결단력을 가지고 국민들을 덕德으로 다스리면서 살아가는 사람이다.

경험이 풍부하다

잉글랜드 왕국의 철학자·정치사상가 존 로크John Locke는 "지식은 모두 경험에 바탕을 둔 것이며, 지식은 결국 경험에서 생기는 것이다"라고 피력한다.

미국의 발명가 토머스 앨바 에디슨T.A. Edison은 84년의 생애 동안 1천93개 이상의 발명품을 남긴다. 그는 '전구를 완성하기 위해 약 1만 번 실패하고, 축전기를 완성하기까지 약 2만 번의 실패의 경험을 맛본 것'으로 알려져 있다. 시련과 실패의 경험을 새로운 출발점으로 삼았던 그의 불굴의 투지와 낙천적 인생관이, 오늘날 에디슨을 발명왕으로 만들게 된다.

경험은 과학의 어머니로서[62] 모든 사항에 있어 스승이 된다. '경험을 쌓아 올린 사람은 점술가보다 더 많은 것을 알게 된다'라는 말도 있다. 세상의 모든 일은 직접 겪어보아야 알 수 있다.

인생은 실패를 겪으며 사는 것이다. 어린아이는 넘어짐으로써 안전하게 걷는 법을 배우듯, 일찍이 고난과 실패의 경험이 많은 대통령은 국가를 성공적으로 경영할 수 있을 것이다.

인생을 살아가면서 얻은 경험은 참으로 귀중한 자산이자 지식이다. 다양한 경험은 정치·사업·교육·문화·예술을 돕는다. 그리고 값진 경험은 여러 가지 문제를 해결하는 데 큰 도움이 된다.

인생에서 가장 중요한 것은 다양한 경험을 얻는 일이다. 경험이 없는 대통령보다 경험이 많은 대통령이 국가경영을 훨씬 잘한다. 사람도 경험 많은 사람보다 훌륭한 사람은 없다.

최영일(2022)은 "과거의 경험들이 현재의 나를 만들었고, 나의 경험이 모이고 쌓여서 나라는 존재를 이루고 있다. 단언컨대 과거 내가 해온 경험이 현재 나의 존재를 규정한다"[63]라고 하면서 경험의 힘을 강조한다.

속담에 "소리개도 오래면 꿩을 잡는다"라는 말이 나온다. 즉 '오랜 경험이 쌓이면 못하던 것도 가능하게 된다'라는 뜻이다. 경험은 안목과 선택의 폭을 넓혀주며 이론보다 훨씬 더 우위에 있다. 무슨 일이든 경험을 많이 해본 사람이 낫듯이 나랏일도 그릇이 크고, 경험이 풍부한 대통령이 맡으면 분명 성공할 것이다.

외교력이 뛰어나다

로마의 세네카L.A. Seneca는 "인간은 사교적 동물이다"라고 피력한다. 사람은 아침에 눈을 뜨면 가장 먼저 사람을 만난다. 그만큼 사람은 사람과의 관계, 즉 인생을 살아가는 데 있어서 사교가 중요한 부분을 차지한다.

인간의 사교 본능의 근본은 어떤 직접적인 본능이 아니다. 즉 사교를 사랑해서보다는 고독이 무섭기 때문이다.[64] 사실 인간만큼 사교적이고, 또 한편으로 비사교적인 동물도 없을 것이다.

인간은 혼자 살 수 없는 동물이다. 물론 깊은 산속에서 '자연인'을 자처하며 홀로 살아가는 사람도 있다. 하지만 사람은 타인을 만나 서로 정보를 교류하면서 살아가야 운신의 폭이 넓어진다.

사교성이 뛰어난 대통령은 외교력 또한 뛰어날 것이다. 대통령은 국익을 위해 적극적인 외교력diplomacy을 펼쳐야 한다. 외교력은 '정부가 국가의 대외정책을 실현하고, 국가 간의 문제를 해결해 나가는 능력'을 말한다.

UN 미국대표 골드버그Goldberg는 "외교술은 가장 은근한 방법으로 가장 음흉한 일을 행하고 말하는 것이다"라고 설파한다. 외교관계를 유지하는 이유는 서로 친목을 도모하고 칭찬을 나누는 단순한 사교모임이 아니다.

우리나라는 중국·러시아·일본·북한이 위치해 있어, 동맹국인 미국과 안보적으로도 매우 중요하다. 우리는 안보·식량·무역· 등 각종 편의를 확보해 두려면, 활발한 외교력이 요구된다.

최근 중국의 군사력 증강과 북한의 핵실험이 예상을 초월할 만큼 확대되고 있다. 우리나라는 우리의 동맹국인 미국을 비롯해서 주변 국가들과도 상생하면서 돈독한 동맹을 강화해야 한다.

물론 국가와 국가 간의 동맹관계도 절대불변의 것은 아니다. 비록 동맹국이라 할지라도 자국의 이익에 위배될 경우에는 '어제의 동맹국'이 '오늘의 적국'으로 바뀔 수도 있다. 동맹관계는 자국의 이익을 도모하기 위해서만 필요하다.[65]

우리는 앞으로 인구가 많은 중국·인도·동남아시아 등과 우호적인 관계를 유지하면서, 이를 잘 이용해야 할 것이다. 우리의 미래를 위해 선의의 경쟁을 해야 할 나라는 중국과 인도·인도네시아 등이다. 세 나라 인구를 합치면 30억 명이 넘는다.

나라마다 언어가 다르고, 풍습과 문화가 다르기 때문에 진실로 우리를 이해해 주고 배려해 주는 국가는 드물다. 우리의 국익을 위해서는 어쩔 수 없이 맞춰가야 한다. 문을 걸어 잠그고 운둔하면 국제적으로 고립된다.

영국의 시인 워턴T. Warton은 "대사란 것은 국가를 위해서 외국에서 거짓말하기 위해 파견된 가장 정직한 인물이다"라고 강조한다. 이렇듯 눈 감으면 코 베어가는 세상이다.

작은 것에 만족해 현실에 안주하는 대통령은 국가를 크게 신장시킬 수 없다,[66] 우리의 우방 국가들과도 능숙한 외교력을 바탕으로 국가 간 결속을 다져야 한다. 그래야 나라가 번영하고 대통령도 성공할 수 있을 것이다.

제9장

실패하는 대통령

실패하는 대통령의 7가지 특징

　미국의 자동차 왕 헨리 포드Henry Ford는 "미래를 겁내고, 실패를 두렵게 여기는 사람은 그 활동을 제한당해 손발을 내밀지 못하게 되는 것이다"라고 역설한다.

　실패는 '자본의 결핍'보다는 '에너지의 결핍'에서 때때로 일어난다.[1] 국가와 기업경영에 실패를 했다는 것은 대통령이나 정치인·기업인이 스스로가 마음을 갈고닦지 못했거나, 에너지가 결핍됐거나, 역량이 없거나, 덕이 부족한 탓으로 보여 진다.

　LG경제연구원은 실패하는 리더의 4가지 특징을,[2] 장기수 외(2021)는 실패하는 리더의 5가지 특징을[3], 최기종은 본서(2023)에서 실패하는 대통령의 7가지 특징을 열거하고 있다.

　성경에 "어리석은 사람은 제 잘난 멋에 살고, 슬기로운 사람은 충고를 받아들인다"[4]라는 말이 나온다. 대통령은 국민들의 소리를 외면하고, 독불장군·권위주의 등에 빠지면 어려운 국면에서 헤쳐나올 수 없게 된다.

학자들이 연구한 '실패하는 리더의 특징'과 필자가 연구한 '실패하는 대통령의 7가지 특징'은 〈표 9-1〉과 같다.

〈표 9-1〉 실패하는 리더의 특징과 실패하는 대통령의 7가지 특징

학자명	실패하는 리더의 특징과 실패하는 대통령의 7가지 특징
LG경제연구원	독불장군 및 권위주의, 변화에 둔감, 실천 및 실행력의 부족, 필벌중심의 사고와 희생 강요
장기수 외	실행력 부족, 등잔 밑이 어둡다, 변화에 둔감, 확신이 없다, 소통을 하지 않는다
최기종	직무수행역량 부족, 인재영입 실패, 우유부단한 성격, 불투명한 국정목표, 에너지의 결핍, 불통·부정직, 독불장군·권위주의

직무수행 역량 부족

　대통령은 하늘이 내리는 줄 알았다. 특별한 사람만이 하는 줄 알았다. 그런데 아무나 되더라. 정말 어려운 건 대통령이 되는 게 아니라 그 자리에서 명예롭게 잘 물러나는 일이다.[5]

　전술한 바와 같이 '독수리는 파리를 못 잡는다'라는 속담처럼, '사람은 각자의 능력에 맞는 일이 따로 있다'라는 것이다. 물론 대통령이라고 해서 모든 일에 능력을 가질 수는 없다. 그래서 역량과 능력을 겸비한 책사를 곁에 두어야 한다.

　역량은 '어떤 일을 해낼 수 있는 힘이나 기량'을 뜻하고, 능력은 '어떤 일을 해낼 수 있는 힘'을 말한다. 여기서 역량은 '특정 업무수행을 잘하는 사람들의 독특한 행동 특성', 또는 '특정한 일에서 결과를 구체적으로 얻어내는 재능'을 뜻한다.[6]

　맹자孟子는 "큰일을 추진하기 위해 목표를 세우는 사람은 작은 일부터 시작해야 한다. 그리고 순리에 따라 역량을 쌓아야만 비로소 최대의 능력을 발휘할 수 있다"라고 가르친다.[7] 대저 큰일을 이루기 위해서는 철저한 사전 준비가 필요하다.

역량이란 것은 1980년대부터 그 중요성이 인식된 개념을 말한다. 즉 종업원이 보유하고 있는 기술 · 기능 · 능력을 해당 조직의 발전과 관련시킨 것으로서 경쟁력의 원천이 된다.[8]

또 NCS(National Competency Standards)란 것은 '국가직무능력표준'을 말한다. 즉 '산업현장에서 직무를 수행하는 데 필요한 지식 · 기술 · 소양 같은 내용을 국가가 표준화한 것을 말한다.' 즉 '수요자 중심의 교육과 자격제도를 운영하는 것'을 목표로 한다.[9]

미래의 대통령은 국가경영 직무수행에 필요한 정치 · 경제 · 사회 · 문화 · 안보 등의 폭넓은 지식과 국가를 경영하는 힘과 기량, 기술이나 평소 갈고닦은 소양 등을 바탕으로 '국민중심의 국가경영'을 해야 한다.

대통령이 빠지기 쉬운 맹점은 '어떤 조직 안에서 자기 자신이 최고의 능력을 겸비하고 있다고 믿어버리는 것'이다. 이처럼 자신의 역량과 기량을 헤아리지 못한 채 직무를 수행하면, 본인도 국가도 큰 위기에 봉착하게 된다.

전술한 바와 같이 지난 70년 간 우리나라 역대 대통령의 업적을 살펴보면, 국정운영을 성공적으로 잘 수행한 분들을 찾아보기가 힘들다. 그것은 집권 전부터 국정을 운영할 준비가 부족했기 때문이다.

'운명의 여신은 만면滿面에 미소를 짓고, 가슴을 드러낸 요염한 모습을 보여주지만 그것은 단 한번뿐이다.'[10] 나라를 세우는 것도 어렵지만, 그것을 유지하고 지키는 것이 더 어려운 일이다.[11]

운명의 여신이 '단 한번 부여한 기회'를 국정운영에 잘 반영해서 유지하고, 활용하는 것은 대통령 자신의 역량에 달려 있다.

인재영입 실패

각 부처의 장관 등 고위공직자가 되려면, 인사청문회에 나가 검증을 받아야 한다. 인사청문회는 2000년에 「인사청문회법」 제정으로 처음 도입된다.

인사청문회 중 어떤 후보자는 학위논문표절, 자녀의 학폭, 자질, 부동산투기, 위장전입 등의 문제로 '인사청문보고서' 조차 채택되지 못한 경우도 종종 발생한다. 이럴 경우, 후보자는 스스로 사퇴하는 것이 바람직하다.

만약 후보자가 끝까지 물러나지 않거나 또는 인사권자가 무리하게 임명을 강행하면, 결코 그 자리에서 오래 버티지 못하고 불명예스럽게 물러나게 된다.

사람은 길을 잃고 나서야 비로소 자신을 발견하게 된다. 자신의 길이 아니면 애당초 가지 않는 것이 좋다. 타고난 자신의 직업적성에 없는 직업을 선택하면, 중간에 임기를 다 채우지도 못하고 탄핵되거나 사퇴하는 일이 생길 수도 있다.

욕심은 눈을 어둡게 한다. 이욕利欲에 눈이 멀게 되면 끝내는 곤경에 처하게 된다. 일찍이 포기하는 것도 용기이다. 용기는 사람을 번영으로 이끌지만, 만용蠻勇은 오히려 나락의 길로 이끈다.

 사람이 복福이나 높은 벼슬을 얻는 것도, 그 사람이 훌륭해서가 아니라 자연의 섭리에 순응하고, 겸손한 마음을 가졌기 때문에 가능한 일이다.

 속담에 '누울 자리를 보고 다리를 뻗으라'라는 말이 나온다. 즉 '이불의 길이를 헤아려 다리를 뻗으라'는 의미인데, 이는 '어떤 일을 추진하는 데 있어, 자신에게 주어진 상황에 대한 명석한 통찰로 알맞게 해야 한다'라는 뜻이 아닐까···?

 노동일보(2021)는 "코드인사로 이뤄진 집단은 교조주의의 늪에 빠져 헤어나기 어렵고, 실패의 나락으로 빠질 것이다"라고 질타한다. 인사권자는 능력 있는 인재를 발탁해 당사자의 적성에 맞는 직무를 부여해야 한다.

 선조들의 지혜와 옛것을 모범으로 삼지 않고도, 나라가 오래 번영을 누렸다는 예는 들어본 적이 없을 것이다. 학연·지연 등에 얽매어 무리하게 조직을 꾸리면, 하루아침에 국가의 시스템이 마비될 수도 있다.

명의는 환자의 생사를 잘 알고 훌륭한 군주는 일의 성패에 밝다. 이익이 되면 취해 실행을 하고, 해악이 될 것 같으면 과감하게 버리고, 의심스러우면 좀 더 시험해 봐야 한다.[12]

우유부단한 성격

'우유부단'이란 말은 '어물거리며 망설이기만 하고 결단력이 없음'을 의미한다. 전술한 바와 같이 프랑스의 철학자 데카르트Descartes는 "결단을 내리지 않는 것이야말로 최대의 해악害惡이 된다"라고 강조한 바 있다. 어떤 문제를 놓고 논의할 때 가장 적합한 대안이 마련되면, 지도자는 신속하게 결단을 내려야 한다.

성격이 우유부단하고 이 눈치 저 눈치를 보는 지도자를 만나면, 추진하는 일이 어렵고 시간도 많이 낭비된다. 좀 시원시원하게 의사결정을 해주면, 업무처리에 속도가 붙어 빠른 시일 내 많은 성과를 낼 수 있는 데 말이다.

우유부단한 사람의 기운을 분석해 보면 ① 숨겨둔 비밀이 많고, ② 수동적이고, ③ 이것저것 말을 많이 하고, ④ 생각이 짧아 그릇된 판단을 하고, ⑤ 선악善惡을 구별하지 못하고, ⑥ 집중력이 부족한 경향이 있다.

수많은 교훈 중에 피해야 할 것은 우유부단함이다. 이런 태도는 승리가 확실시 되는 전투에서도 패하여 천하를 움켜쥘 수 있는 기회를 놓치게 된다.[13] 특히 우유부단한 기운을 타고난 사람이 지도자가 되면, 국민이나 구성원은 어려움에 처해 점점 힘들어진다.

 또한 우유부단한 태도로 인해 제때 의사결정을 내리지 못하면, 오히려 화를 당할 수 있다.[14] 수많은 실패 사례 중에 가장 먼저 염두에 두어야 할 것은 우유부단함이다. 지나친 신중론을 펼치며, 완벽해질 때까지 어물거리거나 망설이면 그땐 이미 늦는다.

 우유부단한 사람은 망설임이 많은 사람이다. 머릿속으로 생각만 하고, 의사결정을 하지 못하는 경향이 강하다. 이런 사람은 평소에 다양한 경험을 쌓아 선택의 폭을 넓혀야 한다.

 대체로 우유부단한 기운을 타고난 사람은 본인에게도 불리한 일이 생겨 시련을 겪을 수도 있다. 이런 기운을 타고난 사람은 여론과 남의 말에 귀를 기울이고, 의사소통에 각별히 신경을 써야 한다.

 국민들을 의심하고 추진하는 일을 주저하거나 머뭇거리면, 나중에 반드시 뉘우치게 된다. 그렇게 되면 결국 실패하는 대통령으로 남게 된다.

불투명한 국정목표

　목표는 성공의 출발점이 된다. 로마 제국의 제16대 황제 마르쿠스 아우렐리우스Marcus Aurelius는 "목표나 목적 없이 행동하지 말라"라고 강조한다.

　목표와 목적은 '반드시 달성하기 위해서 세우는 것이 아니라 표준점의 구실을 위해 세우는 것이다'라고 한다. 대통령에 당선되면, 가장 먼저 국민들에게 국정목표가 뚜렷한 '큰 청사진'을 제시해야 한다. 항공기가 목적지를 두지 않으면 끝까지 갈 수 없듯이 국가도 가고자 하는 방향과 목표가 없으면 도약할 수가 없다.

　대통령은 임기 초반에 장기적인 목표를 세우고, 작은 것부터 하나씩 실천해 가면서 큰 목표를 이루어 가야 한다. 그러나 과거에만 집착한 채 미래로 나아가지 못하면, 결국 아무것도 얻지 못하게 된다.

　국가를 경영하는 것은 결코 쉬운 일이 아니다. 생각하지 못했던 어려움에 봉착할 수도 있다. 그래서 지도자는 아무나 하는 게 아니다. 즉 수신제가, 타고난 리더십, 열정과 의지, 역량과 재능, 확고한 신념, 희생정신 등이 없으면 할 수 없는 직업이다.

일반적으로 국가나 기업이 발전하려면, 발전을 위한 전략적 목표를 세워야 한다. 목표를 세우는 것은 그다지 어려운 일이 아니다. 어려운 것은 어떻게 가장 합리적인 목표를 선택하느냐이다.[15]

새로운 업무를 시작할 때 지난 과거를 답습하거나 낡은 관습에 얽매이면, 스스로가 실패를 자초하게 된다. 새롭게 시작하는 일은 성공할 확률보다 실패할 확률이 더 높다. 그렇다고 실패를 두려워하면 목적한 곳에 다다를 수 없다.

막연하게 외치는 자유·통일 등 추상적인 단어를 나열하거나 불투명하고 길이 보이지 않는 국정목표는 국민들을 방황하게 만든다. 즉 뚜렷한 목표도 없이 날마다 정쟁만 일삼고 국정에 무관심하면, 국가는 그야말로 성장 동력을 잃게 된다.

처세處世에 능한 대통령은 화禍를 돌려 복福으로 만들지만, 처세에 약한 대통령은 오히려 '복'을 '화'로 만든다. 그렇게 되면 결국 실패하는 대통령으로 남게 된다.

에너지의 결핍

에너지energy는 일을 할 수 있는 '힘'이나 '능력'을 말한다. 여기서 힘은 '사람이나 동물이 근육을 통해 발생하는 역학적 에너지'를 뜻하고, 능력은 '어떤 일을 해낼 수 있는 힘'을 의미한다.

이 세상의 모든 일은 힘으로부터 나온다. 힘이 강하면 크게 성취하고, 약하면 아무것도 이룰 수 없다. 에너지가 결핍된 대통령은 국정운영을 실패로 만든다. 그것은 정의와 힘, 재능과 능력을 적절하게 결합시키지 못했기 때문이다.

미국의 시인·사상가 에머슨Emerson은 "힘은 샘물처럼 안으로부터 솟아난다. 힘을 얻으려면 자기 자신의 내부에서 샘을 파야 한다. 밖에서 구할수록 점점 약해질 뿐이다"라고 역설한다.

그는 또 "힘을 강하게 하려면 자신의 사상을 확고히 해야 한다. 사상에 의해서만 자기 자신을 바로잡을 수 있다"라고 재차 강조한다. 진정한 힘은 근력으로 키우는 게 아니라 자신의 깊은 내면에서 절로 우러나오게 하는 것이다.

단순히 힘만 세다고 해서 대통령이 되는 것은 아니다. '용기와 지략智略를 모두 갖추어야만 비로소 만인으로부터 존경받는 영웅이 된다.16) 그래야 한 나라의 대통령의 위치에 당당하게 설 수 있게 된다.

또한 힘의 강인함은 단순히 육체적인 능력에서만 나오는 것이 아니다. 인간의 힘이란 것은 불굴不屈의 강한 의지에서도 샘물처럼 솟는다. 즉 내면의 힘이 부족한 지도자는 큰 업적을 남길 수 없게 된다.

힘 못지않게 중요한 것이 대통령 자신의 직무수행 역량이다. 역량이나 능력은 하루아침에 쌓아지는 게 아니다. 대통령이 취임 전에 경험했던 직장경력, 독서량, 다양한 인생 경험 등을 통해 직무수행 역량이 축적되는 것이다.

대통령이 자신의 직무수행 역량을 실제보다 작게 생각하는 것도 문제지만, 그렇다고 커다란 존재로 생각하는 것도 문제가 된다. 국가를 성공적으로 경영하겠다는 강한 에너지가 결핍되면, 실패하는 대통령이 된다.

불통 · 부정직

소통疏通은 '사물이 막힘없이 서로 잘 통한다'라는 뜻이다. 하지만 불통不通은 '다른 사람의 생각이나, 견해 따위를 이해하거나 받아들이지 못하는 사람을 비유적으로 이르는 말'을 뜻한다.

또 불통이란 단어는 '회선이나 연락선이 끊겨 전기 · 전신 · 서신이 통하지 않음'을 의미한다. 지난 2022년에 SK C&C 데이터센터 화재로 인한 카카오 서비스 장애 이후의 피해사례는 무려 4만5천 건이 접수된 것으로 알려져 있다.

이처럼 카카오 서비스의 접속장애는 공공분야 외에도 국민 개개인에게도 불편과 막대한 손해를 입혔다. 그만큼 불통不通은 우리의 일상생활과 삶에 좋지 않은 불편을 끼친다.

전술한 바와 같이 세종대왕은 '마음'을 통하고, '말'을 통하고, '일'을 통하는 '3통通'으로 소통한 성군으로 알려져 있다. 그러나 대통령이 ① 마음의 빗장을 걸어 잠그고, ② 국민과의 소통을 단절하고, ③ 쓴소리에 귀를 막고, ④ 전 정부에 책임을 떠 넘기고, ⑤ 한쪽 눈으로 세상을 바라보면, 국가는 방향을 잃고 점점 헤어 나올 수 없는 깊은 수렁에 빠지게 된다.

임기 중 국민의 소리를 귀담아 들어주는 대통령이 있는가 하면, 반대로 건성으로 듣거나 귀를 막는 대통령도 있곤 했다. 대통령은 국민들의 목소리에 귀기울여야 한다. 작은 목소리에 귀기울일 때 행운이 들어오고, 기적이 일어난다는 것[17]을 한시도 잊어서는 안 된다.

부정직不正直은 '참되거나 바르지 않다'. '마음이 곧고 바르지 못하여 남을 속이는 태도가 있음'을 뜻한다. 오래가는 행복은 바르고 곧은 정직함 속에서 발견된다. 대통령이 정직하면 국민들은 삶이 행복하고 인생의 보람을 느낄 것이다. 즉 정직은 대통령이 지켜야 할 최소한의 양심이자 도덕률이다.

올곧은 사람과 정직한 사람은 스스로를 보답하는 사람이다. 이런 사람은 항상 마음의 안정과 평화를 누릴 수 있다. 그러나 정직하지 못해서 겪는 괴로움은 국민들도 자기 자신도 함께 힘들어진다.

한 나라의 대통령이 정직하면 그것은 좋은 정책이 될 수 있지만, 반대로 부정직하면 씻을 수 없는 실패하는 대통령으로 남게 된다.

독불장군 · 권위주의

오늘날에는 독불장군을 '혼자 어떤 일을 처리하거나, 홀로 버티며 고집을 부리는 사람', 혹은 '여러 사람의 지지를 받지 못한 채 따돌림을 받는 외톨이'를 뜻하는 말로도 쓰이고 있다.[18]

권위주의란 '권력이나 위력으로 남을 억누르거나, 권위에 맹목적으로 복종하려고 하는 사고방식'을 뜻한다. 즉 '상대의 의견은 무시한 채 기존의 권위에 기대어, 사람을 대하거나 사태를 바라보는 사고방식'을 말한다.

필자가 분석한 독불장군 · 권위주의의 기운을 가지고 타고난 사람은 대체로 ① 남을 무시하거나 ② 자아가 강해 고집이 세고, ③ 양보심과 융통성이 없다. 그러다 보니 주변 사람들과 종종 트러블이 생기게 된다.

특히 이런 기운을 가진 사람은 시간이 흐를수록 자신의 단점이 노출돼 주변에 모인 사람들도 하나둘씩 떠나게 된다. 나중에는 홀로 남아 외로움을 타게 된다.

앞으로 사람을 대할 때는 자신을 낮추고 남을 배려하는 따뜻한 마음을 가져야 한다. 날마다 수염을 깎듯 마음도 매일매일 다듬지 않으면 안 된다. 마음도 다듬어야 맑고 부드러워진다.

대통령은 국민들을 존경하고 배려할 줄 알아야 국민들로부터 존경을 받는다. 누군가를 존경한다는 것은 그들을 자신과 동등하게 본다는 것과 같다. 국민들을 존경하는 만큼 대통령 자신도 존경을 받는다는 의미이다.

생년월일을 분석해 보면, 권위주의적인 사람은 남을 아래로 보거나 무시하는 경향이 강하다. 즉 상대방에 대한 배려심이 전혀 없는 사람이다. 모든 사람이 자신보다 못하다고 단정을 하고, 만나면 무조건 무시부터 하고 본다. 그래야 자신의 위치가 올라간다고 생각하기 때문이다.

한 나라의 대통령은 참모나 국민들의 의견을 충분히 수렴하고, 매사에 유연하고 융통성 있는 사고를 가져야 한다. 독단적인 일을 서슴지 않으면 결코 성공하기 힘들다.[19] 자고로 하늘 끝을 모르고 자꾸만 위로 향하는 권력은 위험하다. 적당한 선에서 누리는 것이야말로 권력을 오래 유지하는 비결이 된다.[20]

꼬리말

 본서 『성공하는 대통령의 그릇』에서는 지난 정부나 현 정부를 비판하는 내용이나 정치적 색채를 띤 글은 특별히 서술하지 않고 있다. 필자가 공부하는 '미래학'과 '풍수지리학'은 특정 종교의 교리 등에 치우침 없이 오로지 순수한 학문으로써 연구하는 것이다.

 이 세상에 완벽한 사람은 존재하지 않는다. 또 완벽한 사람이 된다는 것은 현실적으로 불가능하다. 사람이 지나치게 완벽을 추구하다 보면 인간미가 떨어진다. 끊임없이 부족한 점을 채워나가는 마음과 자세가 중요하다.

 그러나 미래의 대통령·정치인·기업인·사회지도층 등은 조직의 구성원들을 리드하는 위치에 있기 때문에, 그 누구보다도 완벽에 가까워지도록 노력을 경주해야 할 것이다. 그래야 많은 국민들로부터 신뢰와 존경, 지지를 얻을 수 있다.

 그리스의 철학자 안티스테네스Antisthenes는 "정치는 불을 대하듯이 할 일이다. 화상火傷을 입지 않기 위해서는 가까이 가서는 안 되고,

또 동상凍傷을 당하지 않기 위해서는 멀리 가선 안 된다"라고 설파한다.

우리 국민들은 정쟁政爭만 일삼는 정치인을 좋아하지 않는다. 그러나 정치인이 없으면 국가는 무정부 상태가 된다. 지금부터라도 우리 국민들도 정치에 관심을 가지고, 다 함께 정치발전에 참여해 힘을 보태야 할 것이다.

속담에 '로마는 하루아침에 이루어지지 않았다'라는 말이 나온다. 즉 한 나라의 문화와 전통, 사람의 인격형성은 단 시간에 만들어지는 게 아니다. 국가는 오랜 세월 동안 문화와 전통을 이어가고, 또 개인은 학문에 힘쓰고, 부단히 자신을 연마하고, 마음을 갈고닦아야 가능하다.

다가올 미래에 '그릇이 큰 대통령·정치인·기업인·국민'이 되고 싶으면, 필자가 제시한 '대통령의 필수 덕목 17가지'를 가슴 깊이 새기고, 날마다 실천으로 옮겨야 역사에 '성공하는 대통령', '성공하는 정치인·기업인·국민'으로 길이 남게 된다.

각주

〈제1장〉

1) 양병무(2009), 『행복한 논어읽기』, 21세기북스.
2) 최기종(2021), 『관광학개론』, 백산출판사.
3) B. 디즈레일리(Benjamin Disraeli) : 영국의 정치가・작가.
4) G. 플로베르(Gustave Flaubert) : 프랑스 사실주의 문학 창시자.
5) 조승연(2015), 『비즈니스 인문학』, 김영사.
6) 신재기(2022), 『수필학 강의』, 소소담담.
7) 이정림(2022), 『세상 모든 글쓰기 수필쓰기』, ㈜알에이치코리아.
8) 이승하 외(2019), 『새로 쓴 시론』, 소명출판사.
9) 丹羽隼兵・이규은 옮김(2002), 『제왕학』, 삶과 꿈.
10) 이어령(1988), 『금성판, 문장백과대사전』, 금성출판사.
11) 이어령(1988), 위의 책.
12) 양병무(2009), 위의 책.

〈제2장〉

1) 이어령(1988), 『금성판, 문장백과대사전』, 금성출판사.
2) 우에니시 아키라・이정환 옮김(2020), 『간절히 원하면 이루어진다』, 창작시대.
3) 최기종(2019), 『관광매너 서비스실무』, 백산출판사.
4) 야고보서 1장 14-15절.
5) 홍문숙 외(2011), 『사기열전』, 청아출판사.

〈제3장〉

1) 국경복(2019), 『꿈, 심리의 비밀』, 나남.

2) 삼국사기, 불교저널.

3) 태을출판사 편집부(2021), 『정통 꿈해몽』, 태을문화사.

4) 다음백과, 한국민족문화대백과사전.

5) 신봉승(1987), 『조선왕조 500년 개국전야 2』, ㈜금성출판사.

6) 신봉승(1987), 『조선왕조 500년 인조반정 32』, ㈜금성출판사.

7) 신봉승(1987), 위의 책.

8) 신봉승(1987), 위의 책.

9) 정비석(2012), 『소설 손자병법②』, 은행나무.

10) 정비석(2012), 『소설 손자병법①』, 은행나무.

11) 켈리 최(2022), 『부를 창조하는 생각의 뿌리 웰씽킹』, 다산북스.

〈제4장〉

1) 츠게 히사요시·이유영 옮김(2003), 『삼국지 전투에서 배우는 이기는 법』, 예문.

2) 홍문숙 외(2011), 『사기열전』, 청아출판사.

3) 위키백과.

4) 丹羽隼兵·이규은 옮김(2002), 『제왕학』, 삶과 꿈.

5) 다음백과, 고사성어대사전.

6) 다음 백과, 중국사를 움직인 100인.

7) 정현우(2018), 『중국 대륙을 지배한 책사의 인간경영』, 명문당.

8) 丹羽隼兵·이규은 옮김(2002), 위의 책.

9) 위키백과.

10) 변혜령 외(2020), 『강태공·관중』, 다산북스.
11) 홍문숙 외(2011), 『사기열전』, 청아출판사.
12) 변혜령 외(2020), 위의 책.
13) 다음백과, 위의 100인.
14) 변혜령 외(2020), 위의 책.
15) 다음백과, 세계의 신화.
16) 王少農·이재훈 옮김(2007), 『노자, 인생을 말하다』, 에버리치홀딩스.
17) 변혜령 외(2020), 위의 책.
18) 정비석(2012), 『소설 손자병법①』, 은행나무.
19) 羅烝文·고예지 옮김(2006), 『맹자, 처세를 말하다』, 에버리치홀딩스.
20) 정비석(2012), 위의 책.
21) 홍문숙 외(2011), 위의 책.
22) 위키백과.
23) 정비석(2012), 『소설 손자병법②』, 은행나무.
24) 다음백과.
25) 정비석(2012), 위의 책.
26) 왕경국 외(2010), 『조조같은 놈』, 스타북스.
27) 丹羽隼兵·이규은 옮김(2002), 위의 책. 친타오·양성희 옮김, 『난세의 리더 조조』, 더봄.
28) 丹羽隼兵·이규은 옮김(2002), 위의 책.
29) 홍문숙 외(2011), 위의 책.
30) 츠게 히사요시·이유영 옮김(2003), 위의 책.
31) 박성연(2015), 『왕의 비선과 책사』, 글로북스.
32) 다음백과, 한국민족대백과사전.
33) 김종렬 외(2021), 『최무선』, ㈜비룡소.

34) 과목별 학습백과 한국사 고등

35) 김종렬 외(2021), 위의 책.

36) 김종렬 외(2021), 위의 책.

37) 다음백과, 이이화의 인물한국사.

38) 김종렬 외(2021), 『이순신』, ㈜비룡소.

39) 김종렬 외(2021), 위의 책.

40) 류성용(2017), 『징비록』, 논형.

41) 류성용(2017), 위의 책.

42) 김종렬 외(2021), 위의 책.

43) 김종렬 외(2021), 위의 책.

44) 양병무(2009), 『행복한 논어읽기』, 21세기북스.

〈제5장〉

1) 稲盛和夫・김윤정 옮김(2022), 『어떻게 살아야 하는가』, 다산북스.

2) P.F. 드러커(Drucker) : 오스트리아 태생 미국의 경영학자・교육자・작가.

3) 안광현(2020), 『글로벌 사회와 리더십』, 무역경영사.

4) 안광현(2020), 위의 책.

5) 안광현(2020), 위의 책.

6) 안광현(2020), 위의 책.

7) 가브리엘 돌란 외・박미연 옮김(2018), 『팩트보다 강력한 스토리텔링의 힘』, 트로이목마.

8) 홍문숙 외(2011), 『사기열전』, 청아출판사.

9) 다음백과 인적자원관리용어사전

10) 안광현(2020), 위의 책.

11) 박계홍 외(2020), 『변화와 혁신을 위한 리더십』, 학현사.

12) 한형서(2021), 『리더십의 이해』, 비앤엠북스.
13) 이시카와 가즈오・김슬기 옮김(2022), 『뭘해도 잘되는 사람의 모닝루틴』, 다른상상.
14) 김상홍(2019), 『다산의 꿈 목민심서』, 새문사.
15) 양병무(2009), 『행복한 논어읽기』, 21세기북스.
16) 김선희 외(2021), 『세종대왕』, ㈜비룡소.
17) 김선희 외(2021), 위의 책.
18) 박성연(2015), 『왕의 비선과 책사』, 글로북스.
19) 존 로크(John Locke) : 영국의 철학자.
20) 김선희 외(2021), 위의 책.
21) 김선희 외(2021), 위의 책.
22) 문정인 외(2014), 『세종』, 아이세움.
23) 김선희 외(2021), 위의 책.
24) 문정인 외(2014), 위의 책.
25) 제프리 초서(Geoffrey Chaucer) : 영국의 대표적 시인.
26) 최재훈 외(2020), 『Who? 인물 중국사 강태공・관중』, 다산북스.
27) 東野君・허유영 옮김(2010), 『나를 다스리고 천하를 경영한다』, 시아.
28) 東野君・허유영 옮김(2010), 위의 책.
29) 陳禹安・이정은 옮김(2022), 『심리학이 조조에게 말하다』, 리드리드출판(주).
30) 東野君・허유영 옮김(2010), 위의 책.
31) 최재훈 외(2020), 위의 책.
32) 몽테스키외(Montesquieu) : 계몽주의 시대의 프랑스 정치사상가.
33) 최재훈 외(2020), 위의 책. 東野君・허유영 옮김(2010), 위의 책.
34) 로맹 롤랑Romain Rolland : 프랑스의 소설가・극작가・수필가, 1915년 '노벨문학상' 수상.

35) 東野君·허유영 옮김(2010), 위의 책.

36) 東野君·허유영 옮김(2010), 위의 책.

37) 최재훈 외(2020), 위의 책.

38) 중국사를 움직인 100인.

39) 東野君·허유영 옮김(2010), 위의 책.

〈제6장〉

1) 대한국토·도시계획학회(2021), 『도시재계획론』, 보성각.

2) 대한국토·도시계획학회(2019), 『도시재생』, 보성각.

3) 中山徹·김선희 외 옮김(2020), 『인구감소와 지역편재』, 국토연구원.

4) 中山徹·김선희 외 옮김(2020), 위의 책.

5) 충청매일(2022).

6) 중앙일보(2024).

7) MBC(2023), 뉴스.

8) 中山徹·김선희 외 옮김(2020), 위의 책.

9) 한국일보(2022).

10) 츠게 히사요시·이유영 옮김(2003), 『삼국지 전투에서 배우는 이기는 법』, 예문.

11) 中山徹·김선희 외 옮김(2020), 위의 책.

12) 인포비주얼연구소·위정훈 옮김(2021), 『친절한 기후 위기 이야기』, 북피움.

13) YTN사이언스(https://youtu.be/GQce4lWB2JM)

14) 夫馬賢治·오시연 옮김(2021), 『데이터로 알 수 있는 2030년 지구의 경고』, 도서출판 큰 그림. 마이클만·톰톨스·정태영 외 옮김(2019), 『누가 왜 기후 변화를 부정하는가』, 미래인. 다비드넬스·크리스티안제러·강영옥 옮김(2022), 『기후 변화 ABC』, 동녘사이언스.

15) 타일러 라쉬(2022), 『두 번째 지구는 없다』, ㈜알에이치 코리아.

16) 다비드넬스·크리스티안제러·강영옥 옮김(2022), 위의 책.

17) IPCC WG1 6차 보고서(즐거운인생).

18) 김추령 외(2022), 『아주 구체적인 위협』, 도서출판 동아시아.

19) 박재용(2021), 『1.5도 생존을 위한 멈춤』, 뿌리와 이파리.

20) YTN사이언스, 위 유튜브.

21) 이희철(2022), 『기후미식』, 위즈덤하우스.

22) 다음백과.

23) 다비드넬스·크리스티안제러·강영옥 옮김(2022), 위의 책. Sylvie Droulans·이나래 옮김(2021), 『나와 세상을 바꾸는 삶 쓰레기 제로 라이프』, ㈜도서출판 북스힐.

24) 마이클만·톰톨스·정태영 외 옮김(2019), 『누가 왜 기후 변화를 부정하는가』, 미래인.

25) 이승은 외(2021), 『어떻게 대응하고 적용할 것인가 기후 변화와 환경의 미래』, 21세기북스.

26) 박미옥(2022), 『환경정책론』, 도서출판 윤성사.

27) 강신규 외(2022), 『인간과 환경 문제와 희망을 엿보다』, 북스힐.

28) Jeffrey Bennett·한귀영 옮김(2021), 『우리가 반드시 알아야 할 지구 온난화의 모든 것』, 성균관대학교 출판부.

29) 데이비드 아처·좌용주 외 옮김(2022), 『얼음에 남은 지문』, 성림원북스.

30) 최기종(2021), 『관광학개론』, 백산출판사.

31) 다비드넬스·크리스티안제러·강영옥 옮김(2022), 위의 책.

32) 최기종(2021), 위의 책

33) 이민룡(2006), 『에너지 위기의 생태정치학』, 양서각.

34) 박미옥(2022), 위의 책.

35) 최은정(2022), 『우주 쓰레기가 온다』, 갈매나무.

36) Sylvie Droulans・이나래 옮김(2021), 위의 책.

37) 이찬희(2022), 『플라스틱 시대』, 서울대학교출판문화원.

38) MBC(2023), 위의 뉴스.

39) Sylvie Droulans・이나래 옮김(2021), 위의 책.

40) 피에르 마르탱・알레산드라 비올라・박종순 옮김(2021), 『쓰레기에 관한 모든 것』, 북스힐.

41) MBC(2023), 위의 뉴스.

42) MBC(2023), 위의 뉴스.

43) ENB교육뉴스방송(http://www.enbnews.org)

44) Sylvie Droulans・이나래 옮김(2021), 위의 책.

〈제7장〉

1) R.M. 릴케(Rilke) : 오스트리아의 시인・작가.

2) 박경전(2019), 『풍수지리학개론』, 시간의 물레.

3) 박성연(2015), 『왕의 비선과 책사』, 글로북스.

4) 정경연(2022), 『정통풍수지리』, 평단.

5) 김교운(2021), 『주역으로 알아보는 부귀와 풍수지리』, 비움과 채움.

6) 김교운(2021), 위의 책.

7) M.E. 몽테뉴(Montaigne) : 프랑스의 철학자・사상가・수필가.

8) 김승호(2014), 『사는 곳이 운명이다』, 쌤앤파커스.

9) 한국자연지리협회(2006), 『역학사전』, 경덕.

10) 孔子家語.

11) Google AdSensec. 2022.8.2.

12) Google AdSensec. 2022.8.2.

〈제8장〉

1) B. 프랭클린(Franklin) : 미국의 과학자·문필가·정치가.

2) 정비석(2012), 『소설 손자병법②』, 은행나무.

3) 안광현(2020), 『글로벌 사회와 리더십』, 무역경영사.

4) 변상우(2022), 『리더십』, 도서출판 청담.

5) 장기수 외(2021), 『리더십과 조직』, 서평원.

6) 湯仁榮·이은미 옮김(2006), 『공자, 사람을 말하다』, 에버리치홀딩스.

7) 王少農·김형오 옮김(2007), 『장자, 우화를 말하다』, 에버리치홀딩스.

8) 이어령(1988), 『금성판, 문장백과대사전』, 금성출판사.

9) 오지혜(2022), 『돈을 지배하는 31가지 부의 도구』, 일인일북스.

10) 김희영(2006), 『이야기 중국사』, 청아출판사.

11) 정비석(2012), 『소설 손자병법①』, 은행나무. 위키백과.

12) 정비석(2012), 위의 책.

13) 湯仁榮·이은미 옮김(2006), 위의 책.

14) 羅悥文·고예지 옮김(2006), 『맹자, 처세를 말하다』, 에버리치홀딩스.

15) 홍문숙 외(2011), 『사기열전』, 청아출판사.

16) 오지혜(2022), 『돈을 지배하는 31가지 부의 도구』, 일인일북스.

17) 이어령(1988), 위의 책.

18) 羅悥文·고예지 옮김(2006), 위의 책.

19) 王少農·김형오 옮김(2007), 위의 책.

20) 왕경국 외(2010), 『조조같은 놈』, 스타북스.

21) 잠언에 의한 독서 3,1-20.

22) B. 파스칼(Pascal) : 프랑스의 수학자·물리학자·종교사상가.

23) 조승연(2015), 『비즈니스 인문학』, 김영사.

24) W. 휘트먼(Whitman) : 미국의 시인·저널리스트.

25) 사운드힐링 율본(2022).

26) 한국민족문화 대백과사전.

27) 우에니시 아키라·이정환 옮김(2020), 『간절히 원하면 이루어진다』, 창작시대.

28) 한비자(韓非子) : 중국 전국시대 말기의 법치주의자.

29) 정약용(丁若鏞) : 조선 후기의 실학자.

30) 東野君·허유영 옮김(2010), 『나를 다스리고 천하를 경영한다』, 시아.

31) 김후(2012), 『불멸의 제왕들』, 청아출판사.

32) 김희영(2006), 위의 책.

33) 丹羽隼兵·이규은 옮김(2002), 『제왕학』, 삶과 꿈.

34) 머니투데이, 2008.

35) 권민창(2022), 『잘 살아라 그게 최고의 복수다』, ㈜바이포엠.

36) 월러스 D. 워틀스(2020), 『부의 시크릿』, 스타북스.

37) J. 라 브뤼예르(La Bruy`ere) : 프랑스의 풍자적 모럴리스트.

38) 稻盛和夫·김윤정 옮김(2022), 『어떻게 살아야 하는가』, 다산북스.

39) E. 마컴(Markham) : 미국의 시인.

40) J. 휘티어(Whittier) : 미국의 시인.

41) 마빈 토케이어·박경범 엮음(20210), 『탈무드』, 백만문화사.

42) 이어령(1988), 위의 책.

43) 국정호(2022), 『세종과 이순신, K리더십』, 해드림출판사.

44) 다음백과.

45) 강준만(2013), 『대중문화의 겉과 속』, 인물과 사상사.

46) 사회복지 용어사전.

47) 丹羽隼兵·이규은 옮김(2002), 『제왕학』, 삶과 꿈.

48) 지그지글러·박상혁 옮김(2013), 『포기하지 마라 한 번뿐인 이생이다』, 큰나무.

49) 우에니시 아키라 · 박재영 옮김(2022), 위의 책.

50) 지그지글러 · 박상혁 옮김(2013), 위의 책.

51) 한창욱(2021), 『나를 변화시키는 좋은 습관』, ㈜다연.

52) 아리스토텔레스(Aristoteles) : 그리스 최고의 사상가.

53) J.J. 루소(Rousseau) : 프랑스 계몽기의 사상가.

54) 이어령(1988), 위의 책.

55) 정비석(2012), 위의 책.

56) 丹羽隼兵 · 이규은 옮김(2002), 위의 책.

57) 이어령(1988), 위의 책.

58) 정비석(2012), 위의 책.

59) 이어령(1988), 위의 책.

60) (로마 3:21~22) 21.

61) 午堂登紀雄 · 정문주 옮김(2022), 『정결단의 힘』, 아이템 하우스.

62) H. 본(Vaughan) : 잉글랜드계 웨일스의 시인 · 신비주의자.

63) 최영일(2022), 『부를 만드는 경험의 힘』, 스노우폭스북스.

64) A. 쇼펜하우어(Schopenhauer) : 독일의 철학자.

65) 정비석(2012), 위의 책.

66) 장쥔링 외 · 강경이 옮김(2008), 『商略, 상하이 상인의 경영전략』, 경덕출판사.

〈제9장〉

1) D. 웹스터(Webster) : 미국의 하원 · 상원의원, 국무장관.

2) 안광현(2020), 『글로벌 사회와 리더십』, 무역경영사.

3) 잠언 12장 15절.

4) 장기수 외(2021), 『리더십과 조직』, 서평원.

5) SNS.

6) 박유진 외(2022), 『리더십 이해・진단・개발』, 양서각.

7) 羅懃文・고예지 옮김(2006), 『맹자, 처세를 말하다』, 에버리치홀딩스.

8) Robert Kneschke/Shutterstock.com.

9) 연합뉴스.

10) G. 보카치오(Boccaccio) : 이탈리아 데카메론의 작가.

11) 東野君・허유영 옮김(2014), 『수신제가 강유병거』, 아이템북스.

12) 홍문숙 외(2011), 『사기열전』, 청아출판사.

13) 츠게 히사요시・이유영 옮김(2003), 『삼국지 전투에서 배우는 이기는 법』, 예문.

14) 東野君・허유영 옮김(2010), 『나를 다스리고 천하를 경영한다』, 시아.

15) 상전팅 외・깅겅이 옮김(2008), 『商略, 상하이 상인의 경영전략』, 경덕출판사.

16) 湯仁榮・이은미 옮김(2006), 『공자, 사람을 말하다』, 에버리치홀딩스.

17) 양병무(2009), 『행복한 논어읽기』, 21세기북스.

18) 다음백과.

19) 츠게 히사요시・이유영 옮김(2003), 위의 책.

20) 홍문숙 외(2011), 위의 책.

저자 소개

錦堂 최기종

주요경력
- 경영학 박사·미래학자·정치지략가
- 문학세계 시·작사, 스토리문학 수필 등단
- 前)경복대 정교수·숭실대 경영대학원 겸임교수
- 前)대통령소속 지방분권촉진위원회 실무위원
- 前)국무총리실 정부업무평가위원회 평가위원
- 前)행정안전부 지방규제개혁위원회 위원
- 前)국가보훈부 자체평가위원회 위원
- 前)행정안전부 합동평가·지표개발위원회 위원
- 前)한국산업인력공단 국가자격시험 출제위원
- 現)인사혁신처 국가인재DB 등록
- 現)춘천시 홍보대사
- 現)민생정치연구원 원장

저서·시집
- 성공하는 대통령의 그릇, 갑부의 기운, 문화관광 관광학개론, 서비스실무, 관광자원해설 外 다수
- 어머니와 인절미(1시집), 추억의 갯배(2시집) 소양강의 봄(3시집), 상큼한 사랑(4시집) 外 다수

대표곡
- 소양강 봄바람, 동해 울릉도, 부산항

표창장·문학상
- 대통령 표창, 국무총리 표창, 교육부장관 표창
- 문학세계문학상 '작사'부문 대상
- 국제PEN 문화예술 명인대전 '시'부문 대상 外 다수

성공하는 대통령의 그릇

초 판 1쇄 발행 2023년 4월 21일
개정판 1쇄 발행 2024년 4월 20일

지은이 : 최기종
펴낸이 : 전유미
펴낸곳 : 별나인북스

기획·경영총괄 : 최기종
운영위원 : 스텔라 최, 이헌재, 정용선
본문디자인 : 신용섭, 신화정
표지디자인 : 오정은
그림 : 박선화, 유수종

등록 : 2023년 03월 15일 제585-98-01526호
주소 : 경기도 양주시 옥정동로 10, 1922동 1104호(옥정동)
도서 발행 및 구매 : 031-822-7993
진로상담 : 010-3882-5032
이메일 : choicgj1110@daum.net
SNS : https://www.facebook.com/choisn9b
인쇄·제본 : 우일인쇄공사

ISBN : 979-11-982622-3-3
정가 17,000원

----

*파본은 구입하신 서점에서 교환해 드립니다.
*저작권법에 의해 보호를 받는 저작물이므로 무단전재와 복제를 금합니다.
 이를 위반 시 5년 이하의 징역 또는 5천만 원 이하의 벌금에 처하거나 이를 병과할
 수 있습니다.